ÉLOGE DU COURAGE

GÉNÉRAL JEAN-CLAUDE GALLET
et ROMAIN GUBERT

ÉLOGE DU COURAGE

BERNARD GRASSET
PARIS

Le général Jean-Claude Gallet cède l'intégralité de ses droits d'auteurs aux deux associations suivantes :

Association pour le développement des œuvres sociales des sapeurs-pompiers de Paris (ADOSSPP)
et
Terre Fraternité (soutien aux blessés de l'armée de terre)

Photo de la bande : © JF Paga

ISBN 978-2-246-82629-3

À Erick Vauthier, sous-officier
de la Brigade de sapeurs-pompiers de Paris,
être de lumière et de courage grièvement brûlé
en luttant contre un incendie.

Je n'ai pas 25 ans. Dans quelques semaines, je sortirai de Saint-Cyr. Avec mes camarades de promotion, j'effectue un stage de survie en Guyane française au fin fond de la forêt amazonienne. Nous sommes sous les ordres d'un légionnaire, un lieutenant issu du rang, qui connaît parfaitement les mangroves, les dangers et les mystères de la faune locale. Les premiers jours du raid, tout se déroule parfaitement. Notre lieutenant-légionnaire nous casse de fatigue pour nous démontrer que malgré nos futurs galons d'officiers, nous ne sommes que des bleus et nous avons tout à apprendre. C'est le jeu.

Pendant qu'il nous pousse dans nos retranchements physiques, je me réserve un espace à moi que je ne partage pas avec les autres. Je découvre cette forêt avec un immense bonheur, une jouissance que je n'ai encore jamais connue, sauf en mer. C'est bête de le dire comme ça, mais tous mes sens sont en éveil.

Pour faire passer l'épuisement, je me concentre sur ces cris auxquels je ne suis pas habitué. Ceux des grenouilles géantes et des oiseaux aux mille couleurs. J'aperçois des singes narquois et des iguanes au regard désabusé, comme si ces bestioles préhistoriques avaient vu passer tant de monde avant nous qu'elles ne s'étonnent plus de rien, surtout pas de notre modeste défilé.

Relié aux autres par un fil d'Ariane tant il est aisé de perdre le groupe dans la végétation, j'ouvre la marche. Je jubile. J'ai le sentiment de cheminer à travers les pages de *Papillon*, ce livre que j'ai découvert adolescent dans lequel Henri Charrière raconte sa détention comme bagnard à Cayenne. Moi qui ne connais guère d'autres horizons que ma Vendée natale, je suis ébloui.

Le quatrième jour, tout bascule. Avec le lieutenant et trois de mes compagnons nous sommes partis en reconnaissance. Un serpent mord l'officier. Il devient livide. Il se tait. Avec mes camarades, nous devinons rapidement – et sans doute le sait-il lui aussi – que nous devons le sortir de là le plus vite possible. Le lieutenant est le seul à connaître la forêt. Nous n'avons pas de radio. Il n'y a pas de chemin, tout se ressemble et ces lieux dont je commençais à tomber amoureux deviennent terriblement hostiles, cruels. Nous nous taisons. Nos boussoles (à l'époque, il n'y a pas de GPS) ne servent à rien puisque nos cartes n'indiquent aucune habitation dans un rayon de 50 kilomètres. Nous sommes en milieu d'après-midi, la nuit tombe dans une heure. Petit à petit, un goût de rouille, un goût amer, envahit ma bouche. Je ne sais pas encore ce que c'est.

J'avais déjà eu la frousse à 20 ans en poussant une moto à 180 kilomètres à l'heure et lors d'un saut en parachute. Mais cette fois-ci, ce goût âcre, c'est autre chose. La trouille ressemble à une peur d'enfant, incontrôlable. Je ne sais pas encore que je la retrouverai plusieurs fois dans ma vie. Que je vais devoir vivre avec. À la tête de quelques hommes sur les terrains les plus fracassés de la planète ou plus tard général, commandant une brigade de 8 500 pompiers.

Ce jour-là, dans cette forêt, c'est la première fois qu'un de mes camarades est en train de mourir sous mes yeux. Je ne crains rien pour moi. Je suis solide. Mes compagnons aussi. Mais la peur, la vraie, est là. Ce que j'ai appris à l'école n'a plus aucun sens. Face à ce scénario imprévu, je suis en roue libre, je ne hiérarchise plus aucune information. Notre chef peine à respirer et je n'ai plus de repères. Je n'ai pas appris à réagir face à cette situation particulière. Il faut aller vite. Réfléchir. Prendre une décision.

Jusque-là, ma vie de jeune homme n'était guidée que par des valeurs très viriles et des certitudes : la force, l'entraînement, l'intelligence tactique, le combat… Ce jour-là, je comprends qu'à Saint-Cyr, aucun professeur ne parle de ce goût acide à ses élèves. Chacun, au combat ou ailleurs, devra s'en faire une idée par lui-même. En regardant le lieutenant s'éteindre peu à peu, je découvre qu'en mission, l'inconscient joue sa partie et que celle-ci n'est pas minime. Peu à peu, dans cette jungle, je fais connaissance avec la peur. Et je devine le goût du sang.

Je dois éloigner la fébrilité, l'excitation, la sidération, l'affolement, la panique. Avec un brancard de fortune sur lequel nous allongeons le légionnaire, nous décidons d'aller vers le fleuve. De là, nous construirons une embarcation puis nous nous laisserons entraîner par le courant. Nous finirons bien par tomber sur un village. C'est un pari. Il n'est pas question d'attendre plus longtemps que l'on vienne nous chercher : le lieutenant sera mort quand on nous retrouvera.

*

Je me souviens du silence, ensuite. Nous sommes sur une pirogue qui passait par hasard et que nous avons hélée. Nous n'échangeons pas un mot. Nous descendons ce fleuve dont je ne me souviens pas du nom, alors qu'il fut la ligne de vie de l'un des nôtres, et que je ne parviens jamais à localiser lorsque je le cherche sur une carte d'état-major. Comme si ma mémoire avait choisi de rester figée sur quelques images. L'agonie de notre lieutenant, cet homme qui, quelques jours plus tôt, souhaitait nous montrer qu'il était un invincible Hercule. Le petit dispensaire, cabane aux murs de planches et au toit en feuilles de palmier qui, à cet instant, nous paraît digne du plus moderne des CHU. Le médecin de passage ce jour-là que j'ai envie de serrer dans mes bras comme un enfant le ferait avec son père. Son air soucieux. Les minutes qui filent. Et enfin notre blessé qui reprend quelques couleurs. Son regard surtout, comme encore apeuré, qui lance : « cassez-vous, bande de trous du cul ! » et « merci ».

*

La peur fait partie du combat. Grâce à la forêt amazonienne, je sais qu'elle s'invite à l'improviste lors des missions où tout a pourtant été soigneusement planifié. Si je veux devenir un bon soldat, il faudra apprendre à l'apprivoiser, à l'appréhender. Et surtout à s'en faire une alliée.

*

Curieux d'évoquer la peur pour aborder le courage. Pudeur. Réticence. Gêne. Surtout ne pas ressembler à l'un de ces fanfarons, un de ces « téméraires officiels » qui envahissent les médias en ayant une solution à tout mais qui n'ont jamais croisé la peur une fois dans leur vie. Dans cette époque où tout le monde parle de tout sur les plateaux de télévision, sur les réseaux sociaux, pour entretenir un bruit sans fin, je sais que, souvent, ceux qui se taisent sont les vrais courageux. Des acteurs plutôt que des commentateurs passifs. Le silence plutôt que la parole. Ne rien dire mais agir : la vraie sagesse de notre époque.

La pudeur, oui. Il y a quelques mois, lorsque j'ai quitté mon commandement de la brigade de sapeurs-pompiers de Paris, j'ai souhaité ne pas faire mon « adieu aux armes » dans la cour des Invalides. En partant à la retraite, beaucoup de généraux organisent cette cérémonie couronnant la fin de leur carrière militaire. Je ne critique pas les traditions. Elles ont du bon et cet

« adieu » permet aux hommes du rang comme aux officiers supérieurs de se retrouver, d'animer un esprit de corps, d'entretenir le respect au drapeau, la mémoire d'une unité, l'honneur d'une arme. Et bien sûr d'honorer ceux qui l'ont servie et ceux qui ne sont jamais revenus.

Dans mon cas particulier, je ne me sentais pas à l'aise avec une telle grand-messe. Culte du silence. Vis-à-vis de mon père d'abord. Sous-officier de l'armée de terre après guerre, il a passé plus d'un an dans les camps viêtminh. La plupart de ses compagnons sont restés là-bas. Tombés anonymement, eux n'ont pas eu d'adieux aux armes.

Malaise aussi de dire publiquement adieu à des secrets et à une partie de ma carrière, quel mot étrange, dont je ne parlerai pas ici et sur laquelle mes camarades ne savent rien. Soldat du feu mais aussi de l'ombre…

Cet adieu aux armes aurait été décalé vis-à-vis des hommes tombés sous mon commandement. Je ne suis pas responsable de leur disparition bien sûr. Mais en trente ans à la Brigade ou ailleurs, j'ai eu à consoler tant de mères et de jeunes veuves. Leurs larmes. Ces hommes continuent à vivre avec moi, à m'habiter, à chaque instant. Ils m'accompagnent dans les combats les plus durs. Cet adieu, c'était un peu leur dire au revoir. Un adieu aux larmes. Faire ce qui ressemble à une petite fête, c'était signifier à tout le monde que je passais à autre chose. Ce qui n'est pas vrai. On ne tourne jamais la page sur laquelle figure le nom de ceux qui sont morts à vos côtés.

*

Mathieu Mercier, 23 ans ; Ludovic Martin, 22 ans ; Jonathan Lassus-David, 28 ans ; Geoffroy Henry, 25 ans ; Simon Cartannaz, 28 ans ; Nathanaël Josselin, 27 ans... Il y en a d'autres. Chacun porte ses morts intimes. Ils ne sont pas simplement de douloureux souvenirs. Cette stèle, avec ces noms, vit en moi. Jonathan a été mortellement blessé dans un parking de Choisy-le-Roi, dans le Val-de-Marne. Dit comme ça, ça ne dit rien. Mais quand on sait qui est sous l'uniforme, c'est toujours plus douloureux. Lors de l'intervention, ce grand gaillard solide, fort en gueule, qui sait exactement ce qu'il veut dans la vie et commande déjà d'autres hommes, est le papa d'une petite fille qui n'a pas 2 ans. Émilie, sa femme, attend leur deuxième. Quelques jours plus tôt, l'échographie leur a appris que ce sera un petit garçon. C'est bien, un fils après une petite fille, se disent-ils. Ils se sont rencontrés à 14 ans. Deux ados qui se construisent ensemble puis qui empruntent le même chemin. Lui chez les pompiers. Elle au Samu social, au contact des SDF et de ceux qui viennent de loin.

La mort d'un sergent-chef, quelques lignes dans le journal. Hommage des camarades de la Brigade. Et puis quelques mois plus tard, quand Émilie soigne ses plaies et se prépare à accueillir, seule, le fils de Jonathan, ce courrier de la mairie qui lui annonce la dissolution de son Pacs. « J'ai l'honneur de vous informer que plus rien ne vous unit à Jonathan Lassus-David… » Mais ont-ils au moins un cœur ? Qui peut écrire une telle lettre à une veuve qui n'a pas 30 ans et qui s'apprête à accoucher ? Cruauté informatique peut-être. Bien sûr qu'elle est toujours unie, et plus que jamais, à cet homme. Application du règlement : il n'y a plus ni Pacs, ni papa, l'enfant sera donc de père inconnu. Logique administrative sans égard pour la vie brisée d'une jeune femme et de ses deux enfants. La Brigade se met en ordre de bataille. Il faut obtenir un mariage posthume. Secouer la patrie, bousculer l'État au plus haut niveau s'il le faut. Obtenir un décret. Ne rien lâcher. La Brigade ne laisse jamais tomber ses enfants. Paperasses, coups de gueule, réponses aux questions sordides : attestation de proches prouvant la vie commune et d'un gynécologue reconnaissant que Jonathan avait assisté à la première échographie de son enfant à naître. Vérifications au commissariat d'éléments confirmant une vie affective. Dix-huit mois après sa mort, la femme de Jonathan a finalement été autorisée à se marier à côté d'une chaise vide. Et un petit garçon est aujourd'hui fier de son papa.

Simon et Nathanaël. Un caporal-chef et un première classe. Mes derniers morts. Ceux de l'explosion rue de Trévise, quelques semaines avant Notre-Dame. L'un d'eux était le papa d'un petit garçon. L'autre, pendant ses permissions, quand il rentrait chez lui dans son village de Savoie, donnait toujours un coup de main aux pompiers volontaires. Mes deux derniers « morts au feu », comme nous disons à la Brigade, ne sont jamais loin de moi.

Jonathan, Simon, Nathanaël… Je porte vos prénoms dans mon cœur comme j'ai porté physiquement le corps de frères d'armes, français et étrangers, tombés sur d'autres terrains.

*

C'est un paradoxe pour un amoureux du silence, mais plusieurs mois après mon départ de l'armée, je brûle d'une étrange envie. Besoin de me poser un instant pour évoquer ma conception de la résistance face au chaos et finalement du courage. Besoin de réfléchir un moment à notre époque qui a oublié le tragique de l'histoire. Mais qui aujourd'hui a rendez-vous avec son destin. Pendant soixante-quinze ans, nous avons été épargnés, nous Français, par les drames. Nous avions oublié le fracas, les morts, le cortège de peurs. La violence et son carnage sur les âmes et les hommes. Le tragique s'invitait de temps à autre sur nos écrans de télévision. Mais restait au loin, très loin de nous. Il a suffi d'un groupe de barbares armés de kalachnikovs dans nos rues. Il a suffi d'un virus.

Pas question de se fourvoyer, de produire cinq leçons sur le courage. Plutôt une sorte de bréviaire. Irrépressible envie de tirer au clair ces sentiments contradictoires qui m'animent depuis que je ne porte plus l'uniforme, besoin de partager quelques repères pour traverser le chaos.

« Fermeté, force de caractère qui permet d'affronter le danger, la souffrance, les revers, les circonstances difficiles ; ardeur mise à entreprendre une tâche ; force, énergie et envie de faire une action quelconque. » La définition du Larousse est rigoureuse. Mais trop sèche pour être véritablement juste. Elle ne dit rien du mystère qui pousse Paul Rivet, le directeur du musée de l'Homme, le 14 juin 1940, à placarder quelques lignes sur les portes du palais de Chaillot, place du Trocadéro.

Sidérée par ses 60 000 morts, ses 130 000 blessés, ses deux millions de prisonniers en quelques semaines, la France est tombée. Les Allemands défilent dans Paris. Et cet homme frêle colle sur la porte de son musée ces quelques mots : « Si tu peux conserver ton courage et ta tête/ Quand tous les autres les perdront,/ Alors les Rois, les Dieux, la Chance et la Victoire/ Seront à tout jamais tes esclaves soumis,/ Et, ce qui vaut mieux que les Rois et la Gloire,/ Tu seras un homme, mon fils. »

C'est la débâcle. Dans quelques jours, Hitler viendra lui-même sur la place du Trocadéro. Mais Rivet, cet intellectuel engagé, antifasciste, dont tous les travaux démontrent l'égalité des races, commet le premier acte de résistance avec un extrait du poème *If* de Rudyard Kipling.

De Gaulle n'a pas encore parlé depuis Londres. Mais Rivet écrit aussi une lettre à Pétain pour lui expliquer que « la France n'est plus avec vous ! ». Où trouve-t-on la force d'écrire ces mots ? Il est seul, il n'a qu'un stylo et il fait ce bras d'honneur au héros de Verdun et aux troupes allemandes. Quelle est la voix qui parle à l'oreille de Paul Rivet ? Colonne vertébrale d'un homme. Sens de l'honneur.

*

Besoin de saisir l'impulsion qui traverse la tête de Mamoudou Gassama, ce Malien en situation irrégulière qui grimpe cinq étages à mains nues pour sauver un enfant accroché au balcon d'un immeuble parisien. Il vient de traverser le Sahel dans des conditions abominables, il est monté sur un canot de fortune pour franchir la Méditerranée, et passe ses journées à éviter les contrôles de police pour ne pas être renvoyé chez lui. Son apprentissage de la peur, ce n'est pas quelques jours en Guyane qui tournent mal, c'est son quotidien depuis des mois. L'enfant est suspendu au balcon. Il va tomber. Gassama pourrait détourner les yeux. Hurler comme la centaine de badauds qui regardent la scène d'en bas. Filmer avec son portable. Mais il grimpe. Que se passe-t-il en lui pendant ces quelques secondes ?

Et que se passe-t-il chez mon amie, Évelyne Lambert, ce jour de mai 1993 ? L'instinct ? La colère ? L'humanité ? Toute jeune médecin, capitaine des pompiers de Paris, elle choisit – personne ne lui a demandé de le faire – de s'enfermer deux jours et deux nuits avec Erick Schmitt, « Human Bomb », le preneur d'otages de la maternelle de Neuilly. Elle aide l'institutrice à rassurer les vingt et un enfants de 3 et 4 ans terrorisés par « HB » qui porte une ceinture d'explosifs sur le torse. Et ensuite, pourquoi le retour à la vie est-il si pénible ? La vie de bureau si morne ? Les rapports avec les camarades, si compliqués ? Le courage est difficile à vivre pour les autres. Jalousies. Cette Légion d'honneur à 30 ans, cette photo en couverture de *Paris-Match* et ce titre à la une, « Capitaine Courage »... Plusieurs années après les événements, Évelyne a préféré quitter le service de santé des armées. Je parle en son nom, qu'elle me pardonne si je me trompe, mais quelque chose l'a poussée à « disparaître », à ne pas porter pour le restant de ses jours ce statut d'héroïne sur ses épaules. Elle n'a pas renoncé à servir comme médecin – toujours le mystère de l'engagement. Mais elle a préféré l'anonymat.

Ce qui est beau dans un moment de courage, c'est cette énigme. Est-ce que Mamoudou Gassama et Évelyne Lambert savent pourquoi, à un moment, ils basculent ? Pourquoi ils choisissent le courage ? Instant de grâce. L'humanité, toujours.

*

Une nuit de l'été 1992. Je viens de passer capitaine. Sur ma tenue, mon grade est tout neuf. Fierté. Nous sommes boulevard de Rochechouart, dans le IXe arrondissement, au nord de Paris. Les flammes attaquent « Au pied de la Butte », un cabaret du quartier. Je viens d'arriver avec mes camions et mes hommes. Sirènes. Il y a une dame au balcon du troisième étage. La fumée noire s'échappe des fenêtres. Elle hurle. Déployer la grande échelle pour la récupérer le plus rapidement possible. Une femme s'approche : « Mon mari est rentré dans l'immeuble. Il est parti chercher la dame. »

Il faut entrer par le porche étroit, monter en se battant contre le feu qui ravage la cage d'escalier sur toute sa hauteur. Plus vite. Où est cet homme ? Nous retrouvons son corps, enroulé dans un drap pour se protéger. Mort, asphyxié. Monsieur Letang, 35 ans. Héros, lui aussi, de mon monument aux morts personnel.

Ce soir-là, il dînait dans une pizzeria avec sa femme et son enfant, handicapé mental. Ils fêtaient un anniversaire. Celui du fils ? Cet homme est sans doute épuisé par sa vie pas facile mais à laquelle il s'accroche parce qu'elle est belle bien sûr, c'est la sienne. Il a choisi d'offrir un beau moment à cette femme et à ce fils qu'il aime tant. Quand les flammes grondent, il ne peut pas rester assis comme un badaud. Toujours cette liberté d'avoir du courage.

Didier Letang se lève, hésite un peu. Il regarde un instant sa femme et son fils qui ont tant besoin de lui. Et il avance. Il traverse les flammes pour sauver cette femme qu'il ne connaît pas.

Le lendemain, il y aura trois lignes dans un journal sur l'incendie évoquant « une victime ». Mais non, ce n'est pas ça du tout. Trois vies foutues en l'air, oui. Pas de cérémonie, pas de médaille, anonymat. Mais cet homme qui monte les escaliers n'est pas une victime. C'est un héros. Monsieur Letang, vous êtes un peu mon soldat inconnu.

*

La première fois que j'étais en train de mourir, c'est rue de Cambrai, dans le XIXe arrondissement de Paris. En octobre 1991, je suis un jeune lieutenant affecté à la 10e compagnie d'incendie, plantée au pied du quartier de la Goutte d'Or, entre la gare du Nord et la gare de l'Est. Face à un entrepôt industriel qui flambe comme s'il était en papier, je lutte depuis deux heures contre les flammes avec mes hommes. Les fumées nous agressent. Le combat est difficile. Le monstre est puissant. Dans ces lieux vétustes, rien n'est aux normes. Nous avons tiré des tuyaux comme nous pouvions. Corps à corps avec le démon. Ça chauffe, ça gronde. Mur de flammes. Les 600 degrés qui fouettent. Le sol brûle. Les fumées qu'on ne sent pas. Le feu tape du pied, il frappe aux portes. Il m'attire, m'entraîne à lui.

Tout d'un coup, mes jambes me lâchent. Je ne comprends pas. La veille, j'ai couru dix kilomètres, je suis au mieux de ma forme, j'ai un cœur de batracien. Mais je dévisse. Ça ne ressemble pas à un malaise. Je sens que c'est la fin. Je n'ai rien vu venir. Hurlements des gars qui me déposent au poste médical : « C'est le lieutenant ! » Je suis brûlé, intoxiqué. Sentiment de bien-être. Lumières. Mon corps démissionne. Je glisse, je perds le fil. Je suis sans doute en train de découvrir le tunnel blanc. C'est comme ça qu'un de mes camarades, gravement électrisé lors d'un feu de cage d'escalier, m'en a parlé. Les scientifiques évoquent une « expérience de mort imminente » mais c'est d'abord un long couloir qui aspire le corps et l'âme. C'est peut-être le passage de la vie à la mort. Dans l'ambulance, le médecin et l'infirmier me parlent, j'ai envie de les envoyer paître, c'est comme si je me détachais lentement de mon corps, une bougie qui s'éteint. Sans douleur. Puis rien…

Le lendemain, à mon réveil, on me raconte le camion qui traverse Paris à toute allure et me conduit dans le seul caisson hyperbare de la capitale installé à Port-Royal, pour évacuer le monoxyde de carbone de mon organisme. Les tressaillements de mon corps. De tout cela, je ne me souviens pas. Mais je n'ai jamais oublié ce tunnel blanc. Je n'ai jamais oublié ces sensations qui ont modifié mon rapport à la mort et ne me font plus peur.

Quand j'ai été affecté à la Brigade de sapeurs-pompiers de Paris, Robert Hamel, un lieutenant de 40 ans, issu du rang, m'a pris sous son aile. Il m'a donné tout ce qui ne s'apprend pas dans les livres. Il m'a montré comment attaquer le feu dans le sens du tirage. Il m'a confié tous ses « trucs ». Il m'offrait sa boussole pour éviter la sidération lors d'une intervention. Dans les jours qui suivent l'incendie, il me guide plus que jamais. « Tu dois rester fier, sûr de toi, de tes compétences, disait-il. Ce n'est pas dans tes muscles que tu trouveras la force d'être au rendez-vous, la prochaine fois. Mais dans ta tête. » Il m'a aidé à comprendre que je ne suis qu'un homme. L'« hubris » du jeune officier le rend immortel. La sacralisation de la force. La sensation d'être un surhomme venait d'être balayée.

Quelques années plus tard, Robert Hamel est à son tour grièvement blessé lors d'une intervention, enseveli sous l'effondrement d'un mur d'entrepôt. Il choisira de quitter l'institution et décédera un peu plus tard des séquelles de l'accident. La veille de sa mort, alors qu'il était si faible, je l'ai remercié pour ces conseils, si précieux. Il m'a fixé de ses yeux qui, eux, n'avaient rien perdu de leur force : « Tu sais, petit, ce n'est pas pour jouer au grand frère que je t'ai tout donné. Ce que je t'ai transmis, c'est pour nos hommes, tes hommes, ceux que tu emmènes au feu. N'oublie jamais que tu en as la charge. » Ce jour-là, j'ai perdu ma naïveté. La haute silhouette du lieutenant Hamel ne m'a jamais abandonné. Grâce à lui, j'ai compris que le courage d'un chef n'est rien sans l'amour de ses hommes. Et je ne suis pas mort.

*

« Ce que j'ai fait, je te jure, jamais aucune bête ne l'aurait fait. » Dans mon panthéon intérieur, l'aviateur Henri Guillaumet occupe une bonne place. Son histoire, nous la connaissons tous par la grâce de *Terre des hommes*, d'Antoine de Saint-Exupéry que les collégiens, je l'espère, continuent à lire. En 1930, lorsque son Potez-25 s'échoue dans la Laguna del Diamante, le pilote de l'Aéropostale est encore un jeune homme de 28 ans. Il a effectué quatre-vingt-onze traversées de la cordillère des Andes. Épopée à travers la neige et le froid. Ce jeune pilote, vêtu d'une simple veste en tweed, erre sans nourriture pendant cinq jours au-dessus de 3 400 mètres d'altitude. Guillaumet ne se bat pas pour une cause, pour un drapeau ou pour je ne sais quoi. Simplement pour survivre. On est là dans le combat le plus noble puisqu'il s'agit de résister aux éléments. Courage du cancéreux qui se bat contre tous les pronostics. Pas de médaille, pas d'héroïsme ni de gloire. Mais au bout, une récompense sublime : la vie.

Dans ces années 30, à la veille du fracas du monde, le génie de Saint-Ex est éblouissant, il raconte un homme face à sa destinée : « Dans la chambre de Mendoza où je te veillais, tu t'endormais enfin d'un sommeil essoufflé. Et je pensais : "Si on lui parlait de son courage, Guillaumet hausserait les épaules. Mais on le trahirait aussi en célébrant sa modestie. Il se situe bien au-delà de cette qualité médiocre. S'il hausse les épaules, c'est par sagesse. Il sait qu'une fois pris dans l'événement, les hommes ne s'en effraient plus. Seul l'inconnu épouvante les hommes. Mais, pour quiconque l'affronte, il n'est déjà plus l'inconnu. Surtout si on l'observe avec cette gravité lucide. Le courage de Guillaumet, avant tout, est un effet de sa droiture." Sa véritable qualité n'est point là. Sa grandeur, c'est de se sentir responsable. Responsable de lui, du courrier et des camarades qui espèrent. Il tient dans ses mains leur peine ou leur joie. Responsable de ce qui se bâtit de neuf, là-bas ; chez les vivants, à quoi il doit participer. Responsable un peu du destin des hommes. »

À plusieurs instants de ma vie, intime ou militaire, j'ai repris mon vieil exemplaire de *Terre des hommes* en édition de poche. Pages cornées. Notes au crayon que je n'arrive parfois pas à relire. Les réinventer, peu importe. C'est la magie de Saint-Ex. Essayer de retrouver – ou surtout ne pas perdre – l'impulsion intérieure qui pousse un gamin à oser partir au feu. Retrouver un peu de sens quand l'un d'entre nous ne revient pas. Pour ne pas pleurer. Enfin si… Pour pleurer. Mais pour se relever. Pour repartir le lendemain. Pour avoir la force d'envoyer d'autres hommes en mission. Pour affronter le regard d'une mère devant un cercueil sur lequel est posée la photo de son enfant. Ces regards ne s'oublient jamais. Comment répondre au désarroi d'une maman un an, dix ans, après la mort d'un fils ? Elle a toujours dans les yeux la même question : « Pourquoi lui ? » Dans ces moments, je ne suis plus ni capitaine, ni colonel ou général. Simplement un frère d'armes qui la serre dans mes bras. Je sais m'offrir tout entier. Mais je ne sais pas répondre à la question qu'elle se posera jusqu'à la fin de ses jours.

*

« Jamais aucune bête… » Guillaumet se trompe. Nous sommes aussi des animaux. Au feu, le corps et l'esprit communiquent sans que l'on en ait conscience. La nuit de Notre-Dame, alors que j'étais avec mon adjoint tout à ma réflexion sur la stratégie à adopter pour résoudre une succession d'« impossibles opérationnels », je me souviens avoir descendu deux bouteilles d'eau en arrivant sur le parvis. Comme si ma carcasse avait compris qu'elle allait devoir résister toute la nuit. Avant d'être poussé à ses limites, mon corps réclamait des forces pour sauver la cathédrale. Ces réflexes de l'organisme que les psys appellent la dissociation, je les ai déjà connus sous le feu ou lors d'opérations à l'étranger.

*

« Jamais aucune bête… » Oui, Guillaumet se trompe vraiment. Nous sommes des animaux, nous sentons la mort. « Jamais aucune bête… »

En décembre 1996, je m'apprête par hasard à emprunter une rame du RER B à la station Port-Royal. Explosion sourde, puis, tout de suite, le silence. La sidération, un hurlement, celui d'une femme, qui s'élève. Une multitude de cris ensuite. La fumée blanche, âcre. Je dévale les marches. Je suis à contre-courant de ces voyageurs paniqués qui tentent de s'extraire de l'enfer. Je croise un homme hagard qui marche, titube, le dos criblé de clous de charpentier.

Une sirène perce les oreilles. Je retrouve mes réflexes d'officier de sapeurs-pompiers. Surtout ne pas croiser le regard des blessés. Remonter la rame de RER malgré la fumée agressive pour évaluer la situation. Je pénètre dans la voiture où s'est produite l'explosion. Avec sa veste, une personne tente d'étouffer les flammes attaquant les vêtements des victimes. À l'époque, il n'y a pas de téléphone portable : prévenir les secours en remontant à la billetterie ou intervenir en soulageant les blessés ? Devant moi, un homme de forte corpulence, couché sur le dos entre deux rangées de sièges. Il a les deux jambes arrachées, le ventre lacéré. Il me regarde. Ses lèvres articulent des mots inaudibles. J'hésite, je me penche vers lui, mets ma main sur son front en lui disant que je vais revenir. Au fond de moi, je suis sûr qu'il va mourir. Je ne peux pas le dégager seul, il est trop lourd. Sa main attrape mon pantalon et s'y accroche, je l'enlève délicatement. Ne pas se retourner. Ne pas entrer dans son regard.

Surtout pas d'empathie, d'autres ont besoin de moi. Rester efficace. Je suis officier des sapeurs-pompiers de Paris, je ne suis pas une victime, je dois intervenir. Je retrouve les procédures : je file alerter les secours avant de redescendre avec des civils. Ce sont eux les courageux. Ils ne sont pas formés, tout est chaos, odeur de sang et de chair brûlée. Mais ils retournent avec moi sur ce quai pour m'aider à extraire, regrouper, rassurer les blessés en attendant les secours. Dans les fumées, je suis en mission. Massage cardiaque. Je soulage. Je dois sauver des vies. Je fais mon compte-rendu au premier officier de la Brigade qui se présente sur l'intervention et m'éclipse. Ne pas gêner.

Je rejoins ma mère hospitalisée non loin. Je ne lui dis rien. Je garde mes mots pour d'autres. Ne pas faire souffrir une mère en réveillant ses pires craintes, l'épargner toujours. Plus tard, je rejoins le quai des Orfèvres. Les policiers tentent de reconstituer tous les détails de cet attentat qui a provoqué la mort de quatre personnes et fait quatre-vingt-onze blessés. Ils me débriefent avec tact et bienveillance. Je découvre cette nuit-là que mettre des mots sur l'indicible, c'est le premier pas vers la résilience.

*

Dix ans après, commémoration devant la station de RER. Dans la foule, je croise un regard. Un homme se tient péniblement sur deux béquilles et me fixe. À la fin des discours, il s'approche. Je reconnais ce regard à l'instant où il m'adresse cette question : « Pourquoi vous n'êtes pas revenu me chercher dans le wagon ? » Lui dire la vérité : « Vous étiez mortellement touché, il fallait que je prévienne les secours. » Son sourire. Sa victoire sur la mort.

*

Le soir des attentats sur les terrasses de l'Est parisien vingt ans plus tard. Je suis colonel. Je bois une bière dans un bistrot du canal Saint-Martin quand j'entends des tirs. Je connais très bien ces claquements secs pour les avoir beaucoup entendus, à l'entraînement ou au combat, sur des terres lointaines. Première impression : je suis devenu complètement fou. Les jeunes autour de moi continuent à faire la fête mais je me retrouve brutalement sur un terrain de guerre. J'entends une seconde rafale. Non, ce n'est pas une hallucination. Me revient immédiatement le scénario d'attentat que nous avons conçu trois semaines auparavant pour préparer la Brigade : une succession de fusillades au hasard avec, en fin de séquence, une tuerie de masse. Avec le sapeur-pompier qui m'accompagne, nous nous précipitons. Sur le trajet, nous tombons sur une seconde fusillade en cours, celle qui ravage la terrasse de la « Bonne Bière ». Les terroristes quittent les lieux. Des corps à terre. L'odeur de poudre. Les appels à l'aide. Chasser la sidération, réagir. Des passants s'improvisent sauveteurs auprès des dépouilles enchevêtrées. Ils choisissent le courage. Ce sont les mêmes que dans le RER, vingt ans plus tôt.

Une jeune femme blonde agonise, elle est en arrêt cardiaque, elle a reçu plusieurs balles à bout portant dans la poitrine. Un homme tente de la ranimer. À cet instant, ce n'est plus mon esprit qui dicte mes actes. Ce soir-là, je suis un animal. La mort rôde, s'approche. Ce n'est pas elle que je dois masser. Trop tard, je le sais. Détourner le regard pour aller vers les autres blessés, encore vivants, qui se vident de leur sang et qui peuvent être sauvés. L'instinct de vie, la préparation… Celui qui masse la jeune femme me hurle dessus. Il me voit poser des garrots de fortune sur des victimes et sent la jeune femme s'en aller. Des voisins descendent, proposent des couvertures, des draps. Un homme hurle sa douleur et sa détresse. Il a été touché par trois impacts. À force de comprimer ses plaies avec des serviettes, l'hémorragie ralentit. Je lève la tête et j'aperçois le corps de la jeune femme, ses jambes qui ne tremblent plus. C'est sans doute fini. J'ai l'âge d'être son père. Frissons. Ce soir-là, oui, je suis un animal.

*

Quelques semaines plus tard, cérémonie en hommage aux victimes du terrorisme dans la cour des Invalides. Je m'arrête sur chaque visage. Je devine des fantômes qui se tiennent par l'épaule. Toujours ces regards de mères que je connais si bien. Ce père qui continue à chercher sa fille dans le métro et dans les hôpitaux un mois après le drame. Comment fait-on pour rester debout quand on vous demande de soulever un drap dans une morgue et de reconnaître un visage de 20 ans ? La jeune fille sur les terrasses est souvent là. Parfois, elle aussi me cherche.

*

On ne triche pas avec la mort : quand ces fantômes s'invitent dans mes rêves et que je sursaute en plein sommeil, j'appelle à la rescousse cette dame âgée qui, ce soir-là, descend de chez elle tenir la main d'un blessé qui agonise, ce père qui couvre sa fille de son corps en priant pour que celui-ci la protège des balles. Sacrifice. Rempart de l'humanité. Cette nuit-là, la barbarie s'est aussi effacée devant l'amour.

Quand la nuit est décidément trop longue, j'apaise mes angoisses en repensant à ce médecin-chef, le colonel Michel Bignand, qui prend sur lui d'évacuer des dizaines de blessés en urgence absolue vers les hôpitaux militaires alors que les structures hospitalières parisiennes sont saturées. Une décision qui sauve cinquante-sept vies. Je pense aussi aux femmes et aux hommes de la Brigade qui s'engagent cette nuit-là. Malgré la peur et la stupeur. Je pense au caporal-chef Simon Cartannaz avec qui, la nuit des attentats, nous échangeons et qui sera tué quelques années plus tard lors de l'explosion de gaz de la rue de Trévise. Son sacrifice a sauvé des dizaines de vies.

Lorsque la nuit ne finit pas, j'appelle encore ce caporal-chef de la Brigade. Avec son ambulance, il arrive dans une ruelle qui borde le Bataclan et prévient le central, porte de Champerret. Après les frappes terroristes (au Stade de France, sur les terrasses, dans le XIe arrondissement, etc.), ceux qui pilotent les opérations à l'état-major, au 18, sont épuisés. Tous les moyens sont engagés. Incrédulité. Informations contradictoires. Rumeurs. Désordre. Hôpitaux surchargés.

Le message radio du caporal-chef est clair. En substance, il dit ceci : « J'ai sept blessés dont quatre en urgence absolue sous un porche d'immeuble. Je n'ai que deux camions. » Il attend des ordres. Des renforts. Une minute. Deux minutes. Derrière sa radio, c'est le silence. Le 18 cherche la solution optimale pour prendre en charge ce nouveau nid de victimes mais devant ceux qui agonisent, le caporal-chef n'attend pas les ordres.

Avec ses hommes, il entasse les blessés dans les ambulances après les premiers soins d'urgence. Ils les rassurent, leur disent qu'ils vont les sauver. Évacuation à l'encontre de toutes les procédures. Il n'est que caporal-chef mais il envoie promener tous les protocoles et tout ce qui figure dans les manuels. Il sait que s'il attend, il va perdre un blessé. Puis deux, puis trois. L'audace, l'initiative. Il veut aller plus vite que la mort. Sang-froid. Courage. C'est presque une morgue roulante qui traverse Paris pour sauver sept vies. Regard effaré de l'infirmier aux urgences qui ouvre la porte du camion. Aider ce dernier à encaisser le sang, les râles. Ce n'est pas beau. Mais le courage n'est pas toujours beau.

*

Quand les corps des enfants du Bataclan et des terrasses s'invitent dans mes cauchemars, je pense aux hommes et aux femmes de la Brigade. Ce soir-là, certains se sont engagés sous le feu des terroristes pour aller sauver des jeunes de leur âge. Ils ont aussi fait des choix terribles. Choisir les blessés, ceux que l'on peut sauver et les autres. Avec pour seul guide l'instinct, l'humanité. Et deux mots dans la tête : « Sauver ou périr », la devise de la Brigade. Deux mots qui permettent de tenir debout et de ne pas s'effondrer.

*

Quand l'action des pompiers de la Brigade et du petit gradé sauvant sept vies ne suffit pas à calmer les tourments de la nuit, je cherche aussi dans mes souvenirs ce commissaire de police, chef d'un service à la Direction de la sécurité de proximité de l'agglomération parisienne. Ce soir-là, il pénètre dans le Bataclan avec son arme de service parce qu'en passant par hasard, il a entendu des tirs de kalachnikov et des cris s'échappant de la salle de spectacle. Il n'attend pas les renforts. Il progresse dans le hall, il découvre les corps, les enjambe. Les blessés lui tendent la main, l'implorent. Il ne recule pas. Il avance. Il se place à quelques mètres de l'un des terroristes pendant que ce dernier met en joue avec sa kalachnikov un des gamins pour l'achever. Le policier abat le terroriste. Quelle est la force secrète qui pousse ce soir-là un policier sans gilet pare-balles, muni d'une simple arme de poing, à défier des fous ? Ce n'est pas seulement le sens du devoir. Mais l'humanité encore.

*

Quelques semaines après le Bataclan, je suis à Oman, à Mascate. La patrie de Sindbad le marin. L'encens porté par les caravanes qui s'étirent le long des dunes. Le soleil couchant sur les petites villas immaculées de la corniche de Mutrah. Les rivières cristallines de Wadi Bani Khalid. L'ancienne cité pirate de Sour. Les tortues de Ras Al Jinz. Les boutres en tek qui transportaient le poivre entre l'Orient et l'Occident il n'y a pas si longtemps. Tout cela n'a aucun charme. Je ne comprends pas ce qui m'arrive. Je n'ai plus d'émotions. J'ai perdu ma capacité à m'émerveiller. Sur les terrasses de l'Est parisien, en Afghanistan, au Proche-Orient, quelque chose s'est cassé. J'y ai laissé un peu de moi-même.

Je ne comprends pas. Je suis comme un paquet posé sur mon lit où je passe mes journées sans sortir. J'ai emporté un peu par hasard un livre de Bernard Maris, assassiné dans la tuerie de *Charlie Hebdo*, comme si tout me ramenait à ces attentats. Drôle de personnage, ce Maris. La vie des gens n'est jamais linéaire. Rien dans son parcours ne poussait ce professeur d'économie très à gauche à défendre Maurice Genevoix, son beau-père. À mieux le faire comprendre. À ne pas le laisser enfermé dans sa case « écrivain des anciens combattants ». Maris se prend de passion pour Genevoix, jeune lieutenant d'infanterie, aux Éparges, dans la neige, le froid, la boue de la Meuse. J'attrape son livre qui tente de mettre face à face l'écrivain de *Ceux de 14* et l'Allemand Ernst Jünger. L'un en face de l'autre, ils passent quatre ans dans les tranchées des Éparges. Ils racontent la guerre avec la même passion, le même trouble. Ils se battent l'un contre l'autre pour la tranchée de Calonne. Ils sont blessés le même jour. Mais voilà, ils ne voient pas la même chose. Pendant que Genevoix glorifie les combats pour célébrer la vie, Jünger sanctifie, lui, le sacrifice du guerrier. Pour Genevoix, l'ennemi que l'on s'apprête à tuer est d'abord, et surtout, un homme. Aux Éparges, Jünger, lui, ne voit que le héros de métal. L'homme d'acier. Quand un corps tombe à ses pieds, celui d'un ami ou d'un ennemi, le jeune lieutenant Genevoix de 24 ans ne voit que le visage d'un enfant. Il rêve de siffler la fin de cette horreur. En face, Jünger, pas plus âgé, ne s'extasie que sur le sang qui coule, sa couleur enivrante.

*

Au fil des pages, sur mon lit, Genevoix, Jünger et Maris me réveillent. Reprendre pied. Retrouver le sens. Choisir Genevoix : combattre, c'est aimer la vie. Regarder la peur en face. Être du côté des vivants.

*

Je ne sais plus trop où, Malraux dit : « Entre 18 et 20 ans, la vie est comme un marché où l'on achète des valeurs non avec de l'argent, mais avec des actes. La plupart des hommes n'achètent rien. » C'est joli mais je pense qu'il se trompe. On peut être courageux une seule fois dans sa vie, à 20 ans ou à 60 ans, sans avoir « fait son marché ». On peut être un salaud au quotidien pendant quinze ans. Mais avoir une fois, une seule fois, la force de risquer sa vie pour sauver celle d'un autre à qui l'on ne doit rien. Il n'y a qu'Ulysse, le temps de l'Odyssée, le temps d'une vie, qui se bat tous les jours pour retrouver Pénélope. Mais Ulysse, c'est l'épopée du vétéran, celui qui aspire à retrouver une vie normale.

Le courage, celui de la vie, c'est d'abord une impulsion qui balaye et emporte tout le reste. Churchill n'était pas quelqu'un de bien. Goujat avec les femmes. Infect avec ses subordonnés. Ramenard à 20 ans. Pas du tout intéressé par ses propres enfants. Il buvait, il était cynique, égoïste. Mais jusqu'à l'entrée en guerre des États-Unis, il se tient debout, seul, devant Hitler. Son île est bombardée, blessée, exsangue. Il y a eu l'humiliation de Dunkerque. La France est à terre. Il est seul. Ses concitoyens doutent. Au Parlement, l'opposition ne lui fait aucun cadeau et ses conseillers lui disent qu'il va payer tout ça fort cher dans les urnes. Il y a cette petite musique un peu partout dans Londres, qui dit : « Hitler tend la main pour nous laisser tranquilles maintenant qu'il est chez lui sur le continent. Mieux vaut la paix. Tant et tant de vies seront sauvées. » Mais Churchill tient. « We shall never surrender ! »

C'est bizarre le courage. Ténacité, obstination, orgueil… Folie ? L'hubris encore une fois. Pourquoi cet homme sauve-t-il l'âme de l'Europe ? Savoir dire non.

Et puis, il y a cette magie. Un chef seul n'est rien. Derrière Churchill et malgré les chuchotis de ceux qui lui disent de serrer la main d'Hitler, il y a aussi, surtout, et au-dessus de lui, le peuple anglais. Force d'une nation. Les Anglais ont tenu. Churchill a du courage. Mais son peuple, plus encore. Car il y a les bombardements, la peur, les jeunes hommes qui se préparent à partir au combat. Les élites critiquent souvent les (mauvais) réflexes du « peuple » qui n'a effectivement pas toujours raison. Mais, tout de même, les peuples trouvent parfois la force de dire : « We shall never surrender. »

*

Et de Gaulle ? Est-ce un moment de folie ? La rivalité avec Pétain ? L'orgueil encore ? L'entêtement ? Le dégoût ? La colère ? Quand il quitte la France de 1940, dans une invraisemblable improvisation, avec sa femme et Anne, sa fille handicapée, à quoi pense-t-il ? Il n'est qu'un homme de 50 ans avec ses faiblesses, ses doutes. Il a connu le combat de 14-18, il a mené la contre-attaque de

Montcornet quelques semaines plus tôt. Il ne se résigne pas. À ce moment, il se passe quelque chose, un mystère. S'il écoute la raison, c'est un véritable suicide politique de partir chez les Anglais. Il perd tout. Il n'a justement pas le peuple avec lui. Il est seul contre 40 millions de Français. Mais il a tellement raison. Avoir raison contre la raison. Transcender toute logique. Être plus fort que l'Histoire. Lancer à ceux qui s'apprêtent à l'écrire : « Attendez ! Non ! Ça ne va pas se passer comme ça. Je ne veux pas que la destinée de mon pays se raconte avec ces mots-là. Je vais faire quelque chose qui va tout changer. Vous écrirez une autre histoire, bien plus belle. » Avec des mots de gloire cette fois. Pas ceux du déshonneur et de la honte.

*

Mon père était un survivant. Engagé à 16 ans dans un maquis du sud de la Vienne, il a participé aux combats contre les colonnes de la division Das Reich qui tentaient de remonter vers la Normandie après le débarquement. Jeune sergent du corps expéditionnaire français en Indochine après la guerre, il m'a toujours raconté avec un humour décalé le camp viêtminh dans lequel il a passé dix-huit mois. Quatre-vingts captifs… vingt-cinq survivants. L'humour pour chasser les fantômes, pour transmettre à un fils le secret qui permet de vivre après le camp n° 123. L'humour comme pudeur. L'humour pour conjurer le trouble d'avoir été fait prisonnier. La culpabilité, peut-être, de s'en être sorti. Volonté de protéger son enfant, certainement. Quand on est père, on s'interdit de polluer l'insouciance d'un fils. On chante la France, l'amour du pays. On raconte en riant le bon tour qu'on a joué aux Viets juste avant d'être capturé, ce combat d'arrière-garde qui a permis aux camarades de la tête de la colonne de s'en sortir. Mais on n'évoque pas pendant le dîner familial la gale, le palu, la crasse, la faim, les cadavres de ses frères d'armes. Silence d'un père lors des parties de pêche en mer qui ne dit mot de ses 20 ans autrement qu'avec ironie et dérision.

La part d'ombre, les secrets. Ces silences qu'il ne voulait partager qu'avec lui-même. J'ai imaginé, j'ai fantasmé ce que cet homme a traversé pendant sa captivité dans les camps de rééducation. La trahison. La boue. L'odeur de mort quand on s'approche de l'infirmerie. Ceux qui pleurent tout en se tenant droit. Bien sûr que l'on peut pleurer et garder son honneur. Ceux qui ne pleurent jamais mais qui tombent et qui dénoncent. Qui vendent leur âme. J'ai imaginé tout ça car mon père ne m'a jamais dit ce qu'il avait ressenti lorsque son dernier ami ne s'est pas relevé, lorsqu'il a vu les rats guetter ce malade à qui il avait promis, les yeux dans les yeux, de le ramener à sa fiancée.

A-t-il chassé une à une les fourmis rouges s'engouffrant dans les oreilles de son ami pour ne rien perdre du festin ?

C'était un mouroir. Mon père a passé plus d'un an de sa vie de jeune homme dans un mouroir. Il ne s'en est jamais plaint. Comment fait-on quand on a 20 ans et que l'on est tenu en esclavage par un bourreau qui n'a qu'un objectif, vous briser ? Coups de trique, chantage, menaces, séjours dans la cage aux buffles… L'humiliation est si facile à mettre en œuvre. Goulag de jungle. Travaux forcés, déchéance. Sur 40 000 soldats français prisonniers entre 1946 et 1954, seuls 10 000 sont rentrés en métropole, si lointaine, où l'on a oublié ces loques, où l'on détourne le regard pour éviter ces ombres qui reviennent des colonies.

*

La seule chose que mon père m'a racontée du sordide, c'est un détail dont il voulait que je me serve comme d'une leçon de vie : l'attitude de ce lieutenant parachutiste qui avait servi au préalable comme sous-officier chez les sapeurs-pompiers de Paris durant l'Occupation. Il a montré aux gardiens du camp sa carte du Parti communiste pour obtenir un traitement de faveur. Comme tant d'autres dans le camp, il était malade. Il a bénéficié de quelques privilèges, une douche, des rations supplémentaires. Les Viets lui administraient aussi des médicaments que la Croix-Rouge parachutait à proximité des camps. Quand l'état du lieutenant s'est dégradé, ils ont demandé aux autres prisonniers de le porter sur une civière. Ces derniers ne cessaient de feindre de trébucher pour faire chuter le brancard. Le lieutenant ne les a pas dénoncés.

On a toujours une seconde chance d'être courageux. Cet officier qui avait failli n'est pas devenu le complice des geôliers, contrairement à d'autres. Il essayait juste de sauver sa peau. Mon père, lui, ne voyait pas les choses comme ça. Quand il évoquait le destin de celui qu'il désignait comme « traître », il terminait immanquablement par ces quelques mots : « On ne gagne jamais tout seul. » La camaraderie comme force.

*

Épreuve de vérité. On ne triche pas avec le courage. Il n'y a pas de leçon pour le courage. On en approche, on le médite. On y croit parfois. Quand j'ai un doute, je pense à Monsieur Letang qui se lève pour entrer dans l'immeuble en feu, laissant sa femme et son fils qui ont tant besoin de lui.

*

Je pense encore à cet officier dans les camps viêtminh que je ne parviens pas à trouver lâche, contrairement à mon père. Mais qui suis-je pour juger ? Je n'ai pas été, moi, dans ces camps. Je n'ai pas connu les combats dans la jungle. Je n'ai jamais osé en parler avec mon père, et lui dire « moi, je vois les choses autrement ». Il m'aurait sans doute écouté avec un petit sourire bienveillant mais sans avoir l'envie de nourrir une dissertation de salon. Pour parler du courage avec ses tripes, peut-être faut-il avoir connu un camp viêtminh. Les bassesses, la trouille. Mon père a fait tomber dans la boue le brancard du lieutenant. Bien sûr, moi aussi, j'aurais trébuché.

*

« Le bonheur est plus compliqué ensuite… » Ces quelques mots de mon père me sont revenus ces dernières années lorsque je pensais à Denis Allex, cet otage français en Somalie. La France a tout mis en œuvre pour sortir de l'enfer cet agent du Service quand il est devenu évident qu'après trois ans et demi de captivité, ses ravisseurs ne lui offraient plus qu'une issue, le suicide. Ses camarades n'ont pas réussi à le libérer. Ses geôliers l'ont abattu ainsi que deux militaires français lors d'une tentative de libération.

Quelques mois plus tard, et sans doute n'est-ce pas tout à fait un hasard, je me prends d'amitié pour Nicolas Hénin qui a passé neuf mois entre les mains des djihadistes de Daech. Avec une vingtaine d'autres otages occidentaux il a vécu sous la menace quotidienne d'une exécution. Ils ont été frappés deux à trois fois par semaine jusqu'au sang avec un tuyau d'arrosage. Ongles écrasés. Côtes cassées. Leurs gardiens n'étaient pas de lointains djihadistes. Mais des jeunes nés en Europe qui avaient choisi de rejoindre le Califat. Quatre Britanniques auxquels les otages avaient donné le nom des Beatles : Paul, John, Ringo, George. Et plusieurs Français fascinés par la violence qui obligeaient leurs otages de la prison de Raqqa à regarder sur des ordinateurs l'émission « La Nouvelle Star » ou « Faites entrer l'accusé » puis à chanter des chansons populaires françaises. Sans doute, comble du sordide et de l'absurde, ces djihadistes avaient-ils le mal du pays.

Quand on est captif, on peut avoir du courage. Dans ses preuves de vie – ces vidéos que les preneurs d'otages concèdent parfois à donner pendant la captivité –, Denis reste digne jusqu'à sa mort. Il sait que sa femme, ses parents et ses enfants, ses camarades aussi, vont regarder ces images. Il reste droit. Petite victoire sur ses geôliers que de faire croire à sa famille qu'il tient debout.

Nicolas raconte souvent comment les preneurs d'otages savent détruire l'intimité d'un être humain. Ils agissent comme un enfant lançant des pierres sur une bête blessée qui ne peut plus bouger. Mais de leur côté, les otages apprennent aussi la résistance. Ils ont l'humanité pour eux. Nicolas évoque souvent James Foley, un journaliste américain avec qui il a été captif pendant plusieurs mois, dans la même cellule collective.

Comme si Foley avait, dès le début, deviné qu'il ne sortirait pas de l'antre du diable, il décide de faire de cette captivité un moment précieux. Foley a compris qu'il devait faire quelque chose de beau et de grand de chaque seconde. Il remonte le moral de ses compagnons d'infortune, il console celui qui craque, chante, le prend dans ses bras pour une accolade fraternelle, invente des jeux et des pitreries, raconte aux autres son petit coin d'Amérique. Il ne veut pas être une victime des djihadistes. Il veut rester un homme debout. Il reste libre.

James Foley n'est jamais rentré de Raqqa (ses ravisseurs l'ont égorgé). Mais son courage reste vivant. Ce qui se passe dans cette cellule n'appartient qu'à ceux qui ont connu l'enfer. Mais j'imagine Foley dans ce trou à rats qui, jusqu'au bout, tente de faire sourire ses compagnons. Confiance dans la vie : chaque heure doit être plus précieuse que la précédente. Seul moyen de se prouver que les bourreaux ne t'ont pas broyé. L'humanité toujours.

« Le bonheur est plus compliqué ensuite… » Il faut que j'emmène Nicolas le long des sentiers d'Auvergne, les chemins de traverse chers à Sylvain Tesson. Il faut que je l'entraîne en Guyane et que je lui montre mes serpents. Et qu'il oublie les siens, ceux qu'il a emportés de Raqqa quand il a laissé Foley derrière lui. Qu'il les abandonne là-bas.

*

Je pense à Marceline Loridan et à Simone Veil au camp. Ce sont des adolescentes si différentes. La gouaille populaire de l'une, le port aristocratique de l'autre. Et j'imagine qu'elles gloussent elles aussi, les histoires qu'elles se racontent et que personne ne peut leur enlever. Elles font comme si la peur n'existait pas. Elles jouent avec la vie. Elles ne savent pas qu'elles ont un courage fou. Malgré tout, oui. La vie sans condition.

*

Ce soir, il y a le feu à Notre-Dame. La cathédrale est en train de disparaître sous mes yeux dans un tourbillon de flammes, mais c'est comme si j'avais préparé cette intervention toute ma vie. Cette nuit, je suis le jeune capitaine qui lutte contre les flammes qui ravagent le siège du Crédit Lyonnais. Je suis aussi le jeune lieutenant en train de mourir dans un incendie. Je suis encore le général qui a perdu deux hommes trois mois auparavant dans une explosion de gaz. Je suis quelque part dans l'Afrique des Grands Lacs et en Afghanistan. Je suis à Saint-Cyr. Et j'ai en tête ce que mon père m'a raconté du maquis. J'ai tous les âges à la fois. Et une mission.

Il n'y a pas de vies à sauver dans cette nef mais je dois y envoyer des hommes risquer la leur. Parce que c'est Notre-Dame. Parce que la France tremble devant les images. Parce que le monde entier nous regarde. La Brigade doit sauver l'âme de Paris. Nous devons sauver cette cathédrale.

Cela fait des mois, des années, que les pompiers de Paris se préparent à intervenir sur le site d'un attentat, à accepter la surprise pour pouvoir agir efficacement. L'incendie de Notre-Dame nous rattrape. Ce soir, sur le parvis, le capitaine que j'étais il y a trente ans me souffle à l'oreille : « N'aie pas peur ! » « Vas-y ! » Le général que je suis aujourd'hui me parle tout bas : « Fais gaffe ! » « N'oublie pas que tes pompiers ne sont que des hommes ! » « Sois prudent ! » Je dois les écouter tous les deux. L'instinct, la raison. L'expérience aussi. C'est elle qui guide mes pas. C'est elle qui oriente mon intelligence émotionnelle et me permet de penser hors du cadre, de prendre du recul. Sans expérience, je serais incapable de gérer les médias, la tactique, le doute. Cette opération « Notre-Dame », c'est mon heure de vérité. Je ne dois pas passer la soirée à me dire : « Je n'ai pas droit à l'erreur. » Mais agir en utilisant au mieux le potentiel de la Brigade, son courage, son esprit d'initiative.

*

Cette nuit-là, le monde entier admire mes hommes à Notre-Dame. Mais, de mon côté, je repense surtout à ce dont ils ont été capables deux mois plus tôt dans un immeuble, rue Erlanger dans le XVIe arrondissement. Je les revois en équilibre, défiant les lois de la gravité le long de la paroi lisse d'une façade. Je revois l'un d'eux léché par les flammes portant un enfant dans les bras. Deux mois avant Notre-Dame, ils ont sauvé soixante-six personnes de la fournaise. S'ils réalisent cet exploit, c'est grâce à la force du groupe. Ils sont portés par la Brigade, par ses valeurs, par son histoire. Pendant qu'ils grimpent le long de la façade, ils savent qu'ils peuvent compter sur leurs chefs et sur leurs camarades.

Ce sont des héros. Blessés et amers de ne pas avoir pu sauver tout le monde dans l'immeuble du quartier d'Auteuil (il y a eu dix morts), mais des héros bien sûr. Et ce soir, sur le parvis de Notre-Dame, je sais que je peux compter sur cette force.

*

La mystique du feu. Sa colère, ses volutes, ses tourbillons, sa danse… Il gronde. Ennemi sans visage qui sait exploiter chacune de nos erreurs. Sa toute-puissance, sa force vitale. Le don du ciel et de la foudre. Il y a un million d'années, il nous a permis de devenir ce que nous sommes lorsque nous avons su le domestiquer. C'est notre meilleur ami et notre pire ennemi. Il détruit ce que nous avons de plus précieux sans égard pour nous. Il purifie la terre. Feu sacré. Le respecter, ne pas en avoir peur. Les chamans et les anciens pensaient qu'il se cachait dans le profond du bois, dans ses veines, dans ses branches et qu'en le provoquant, l'homme réveillait ses colères. Ce soir, à Notre-Dame, il a jailli de cette charpente millénaire, cette forêt vertigineuse, pour nous rappeler nos fragilités, nous passer un message. Il faut l'écouter et le comprendre, avant de le faire taire.

*

On ne joue pas à pile ou face avec la vie de ses hommes. Le risque doit être librement consenti et approuvé. Accepter de mettre sa vie en jeu. Savoir, lorsqu'on est frappé, que ce n'est pas le fruit du hasard. Mais le résultat d'un engagement. Le soldat qui tombe n'est pas une victime. Il choisit son destin. Il sait que celui qui les commande n'a pas joué avec sa vie. Quand je confie une mission à des hommes, ils doivent me faire confiance.

Contrairement à Mamoudou Gassama qui grimpe le long de son immeuble poussé par son instinct, le soldat, comme le pompier, se prépare au risque. C'est une alchimie personnelle. La force de l'engagement. L'esprit de corps et de ses frères d'armes qui le portent. Le sens du collectif où chacun sait qu'il n'est rien sans les autres et qu'il n'y a pas de place pour l'imposture. Au moment d'agir, le soldat doit tenir la sidération à bonne distance. Ses camarades sont à portée de regard. Ne pas baisser la garde devant le chaos. Avoir apprivoisé sa peur. Chez des hommes bien entraînés, devant le danger, il n'y a pas de « refus de saut », comme disent les paras. Seulement la vérité des actes.

Magie d'une rencontre : la préparation individuelle de chacun et l'esprit de corps décuplent les forces. C'est le secret des victoires lors des grandes batailles de l'Antiquité : éviter la panique chez soi mais la porter chez l'ennemi.

Lorsqu'ils sont au contact de l'ennemi au Mali pour libérer des otages, Cédric de Pierrepont et Alain Bertoncello, nos commandos Hubert, choisissent l'arme blanche. Ils veulent éviter d'alerter l'ennemi en faisant du bruit. Ils ne se posent plus de questions. Ils sont poussés par le regard de leurs camarades. Ils ont un pays derrière eux. Ils ont travaillé des années. Leur mental individuel et collectif est une armure. Pierrepont et Bertoncello ont réfléchi à la mort, ils s'engagent sans douter. Ils ont consenti au risque. Ils n'ont plus que la mission dans la tête : sauver la vie de deux otages.

Ne pas voir Pierrepont comme un gladiateur, une machine à tuer. Platon est le premier à oser déconstruire l'image valeureuse d'Ulysse et d'Achille patiemment contée par Homère. Celle de dieux, si impressionnants, si lointains pour les hommes. Le philosophe explique que le courage, ce n'est pas seulement de la virilité, de la bravoure, du masculin et de l'instinct, mais une vertu qui se cultive et se pense. Il décortique la mécanique du courage : c'est un chemin de sagesse, accessible à l'homme qui pense. Il en fait « une fermeté réfléchie ».

Le courage, dit encore Platon, c'est ce qui se passe une fois que la raison a fait son travail et qu'elle a arbitré sereinement entre ce qu'il faut craindre ou ne pas craindre. La force toute seule, après tout, ce n'est pas grand-chose. Mais quand la raison s'en mêle, alors, cela devient le courage. Et grâce à lui, tout, absolument tout, devient possible.

*

Sans expérience, sans réflexion, sans ce chemin étroit, tu te perds dans les enjeux du combat et l'émotion du chaos. La peur te submerge, tu ne contrôles plus ton angoisse. Ne pas douter sous peine de rester immobile, tétanisé. Je me souviens d'une intervention, square Montholon, dans le IXe arrondissement de Paris, la veille de Noël 1994. Une explosion me projette à terre. Je vois tout de suite que les deux gars à côté de moi sont au sol eux aussi. À ce moment-là, le corps et l'esprit sont dissociés. Je suis sonné. Plusieurs pompiers sont descendus dans la cave de l'immeuble. Ils hurlent, ils sont brûlés. La cage d'escalier s'est déjà embrasée. Une femme, au quatrième étage, brandit son nourrisson dans le vide. Malgré le chaos, je sais exactement ce que je dois faire. Mes mains tremblent. Mes jambes sont tétanisées. Je suis paralysé. Et en même temps, je suis en hyper-vigilance, comme si l'esprit savait déjà exactement ce qu'il doit entreprendre tandis que le corps est en roue libre. Sentiment que cela dure des heures alors qu'en réalité ne s'écoulent qu'une ou deux minutes. Ensuite, il y a comme une pulsion animale qui te réveille. Mais c'est trompeur. Ce n'est que la raison qui dicte ses ordres : tu es le chef, le responsable, tu n'as pas le droit de rester au sol. Tes mains continuent à trembler pendant une demi-heure mais tu as repris le dessus. Tu peux remplir ta mission et sauver la femme et son enfant. La confiance, c'est un des ingrédients secrets du courage. Avoir confiance en soi, en ses compétences, en ses ressources, en sa préparation physique. Confiance en celui qui affronte le danger à côté de toi. Confiance dans tes chefs et dans la mission. Pouvoir combattre quand tu es au fond d'une cuvette, à Diên Biên Phu, et que tout semble perdu. Celui qui n'a pas confiance se rend sans combattre.

Quand les soldats doutent de leurs chefs, ils commencent à penser à la défaite, elle devient possible, elle les rattrape. Souvenir du « Retex », le retour d'expérience, d'un feu de forêt aux États-Unis dans les années 50. Leur officier est défaillant. Les pompiers le sentent. Ils ont peur et multiplient les erreurs. Les réflexes s'évanouissent. Ils disparaissent un à un. Ceux qui les commandent avec eux. Quand le chef doute ou lorsque c'est une tête brûlée, la peur se diffuse plus vite que les flammes. Elle est contagieuse. Le bon chef, c'est d'abord celui qui a du sang-froid. Celui qui prend sur lui toute la pression pour que l'énergie collective se déploie sans limite. Le bon chef, c'est celui que l'on a envie de suivre naturellement parce qu'avec lui, on sait où on va, parce que l'on sait qu'il est avare du sang de ses hommes. Quand celui qui te commande et te connaît te pousse dans la bonne direction, il t'offre une force mystérieuse, celle qui permet de prendre tous les risques pour sauver des vies.

*

Les civils croient souvent qu'à l'armée, le rapport au chef et à l'autorité est beaucoup plus simple que dans une entreprise : il suffit d'obéir et de marcher au pas dans la bonne direction, un point c'est tout. Ce n'est jamais aussi simple. Ce qui s'est passé le 5 mai 1996 a façonné pour toujours ma manière de commander des hommes. Ce dimanche de printemps, j'ai 32 ans. Je suis encore pour quelques semaines le capitaine de la compagnie d'incendie qui intervient dans le centre de Paris et sur les grands boulevards où je commande une centaine de pompiers. Vers 8 h 30, j'accompagne plusieurs de mes engins boulevard des Italiens. Un incendie s'est déclaré au siège du Crédit Lyonnais. À la différence de Notre-Dame, c'est un incendie dont on ne distingue pas l'ampleur à l'œil nu. Il couve et progresse dans la salle des marchés mais de l'extérieur, on ne distingue presque pas de fumée.

En faisant le tour du feu, je comprends que quelque chose n'est pas normal : d'autres volutes s'échappent par la façade opposée, celle de la rue du Quatre-Septembre, il y a deux foyers distincts qui ne communiquent pas entre eux. C'est très rare. Cet incendie est peut-être criminel mais je ne suis pas policier : ma mission, c'est d'éviter l'embrasement généralisé du bâtiment, pas de commencer une enquête.

À l'intérieur, la principale difficulté saute aux yeux : c'est une banque, il y a des portes sécurisées partout. Salle des marchés, archives, bureaux individuels… Les vitres renforcées éclatent, des rouleaux de flammes prennent la rue d'assaut. À l'intérieur, les équipes se replient face à l'attaque du feu qui serpente dans les faux planchers, les doubles plafonds, les passages de gaines. Il faut tenir les cages d'escalier pour préparer la contre-offensive.

Déjà, dans la salle du conseil, le feu s'acharne sur les parois en acajou. Avant d'abandonner les lieux, prendre quelques secondes pour décrocher plusieurs tableaux fixés aux murs, un Utrillo, un Modigliani. Rouler les toiles dans une bâche, la tendre par la fenêtre au pompier sur sa grande échelle.

J'ai demandé le « renfort incendie » dès le début de l'intervention. Dans notre jargon, c'est la façon dont on réclame le soutien d'autres casernes. Puis très rapidement, le doublement des moyens. Cette demande est inhabituelle d'autant que les signaux apparents restent, depuis la rue, assez faibles. Mais je sens toute la puissance de ce feu.

Un colonel de l'état-major qui vient d'arriver sur place me toise : « Gallet, tu t'es planté en demandant les renforts. Ton feu on va l'éteindre en faisant pipi dessus. » Se laisser influencer par ce jugement péremptoire ? Ou bien continuer, suivre mon intuition ? J'en suis sûr, mon instinct me le souffle, ce feu est sournois, il n'a encore rien montré de sa puissance. Ne pas laisser prise au doute. Cet officier se trompe.

J'endosse un appareil respiratoire et je rejoins mes camarades engagés. À l'intérieur, l'enfer. Certains binômes sont pris au piège. Il faut les exfiltrer par les grandes échelles. Il est 13 heures, plusieurs hommes sont brûlés ou intoxiqués. Cela fait cinq heures que la guerre a commencé. Ne pas penser à la réflexion de ce chef irresponsable. Avec sa suffisance, il aurait pu envoyer vingt hommes à la mort. Combattre.

Accompagné de René Dosne, notre dessinateur opérationnel, un officier d'expérience, nous progressons dans les escaliers vers un jardin intérieur suspendu qui repose sur le toit de la salle des marchés. Plusieurs hommes en ont fait leur base d'attaque. René ne sent pas les choses, il me recommande d'évacuer. Je suis sceptique. Mais je l'écoute. Repli.

Quelques minutes plus tard, dans un fracas ahurissant, le jardin et la salle des marchés s'effondrent sur les deux étages inférieurs qui abritent la salle des coffres. Par miracle, aucun pompier n'est emporté dans le chaos. René avait raison. Nous n'en reparlerons jamais. Mais l'un et l'autre, nous savons.

Il est 14 heures. Nous sommes maintenant près de six cents pompiers. Il faudra dix-neuf heures pour venir à bout de ces flammes. C'est l'un des plus gros incendies parisiens du siècle dernier. Je croise le colonel rigolard, il a perdu de sa superbe. Je me demande s'il a pris la véritable mesure de l'enjeu. Il n'a pas voulu, pas su, m'écouter parce que je n'étais qu'un jeune officier et qu'il était colonel. Son inconscience aurait pu mettre nos hommes au tapis. Le regarder droit dans les yeux. Ne rien lui dire ensuite mais retenir pour toujours cette leçon : le chef peut se tromper. Un grade ne fait pas tout. L'imposture peut tuer. Il faut prendre seul les décisions. Assumer seul. Mais toujours écouter ses hommes.

*

Respecter ses hommes. Les connaître. La confiance mutuelle génère le courage collectif. Celui-ci n'est jamais l'addition d'actes de bravoure individuels. Cette énergie partagée entre un chef et des hommes permet la victoire. Le commandement est un échange. Dans l'action, ne jamais montrer que tu hésites pour ne pas susciter le doute chez tes hommes. Mais être à l'écoute. De ton expérience personnelle et de celle de ceux que tu commandes. La nuit de Notre-Dame, à certains moments, j'ai senti que nous ne maîtrisions plus les choses. Feu trop puissant dans cette « forêt » infinie. Chemins étroits pour l'attaquer. Nous nous épuisions avec pour seul succès le sauvetage du trésor. Le feu continuait à progresser, à nous narguer.

Accepter de lâcher prise, reprendre l'ascendant et construire une stratégie. Les hommes doivent se nourrir du calme du chef. Lui de leur force. Savoir qu'ils vont chercher des réponses simplement par le regard. Sur une intervention, je sais que si je perds mes « rides de lion » soucieux mais confiant, les hommes le verront instantanément.

Cette énergie de groupe ne s'improvise pas à la va-vite sur le champ de bataille. Elle ne se décrète pas mais se prépare sur le temps long. Vertu des grades, du commandement, de l'entraînement, de la discipline. Vertus au service de la responsabilité.

Lors d'une crise, la principale qualité d'un chef doit être ce que nous appelons entre nous « le discernement ». Offrir à ses hommes de la stabilité, l'intelligence de situation, la fluidité interactive qui tranche avec le désordre qu'ils affrontent. Il faut parfois refréner son caractère. L'humilité toujours. Le chef doit libérer l'énergie individuelle de ses hommes, l'accompagner, la sublimer. Il doit organiser les impulsions de chacun, fixer un cap commun. Les hommes doivent se reconnaître dans les ordres, se reposer sur la compétence technique de celui qui commande et dans sa force morale. Et celui-ci doit avoir le courage de leur faire confiance.

*

Commander, c'est parfois lutter contre soi-même. Un général ne conduit jamais une opération tout seul. À l'écoute de ses hommes, de son instinct, de sa réflexion, de ses doutes et de ses certitudes, de son expérience, de son humilité, il trace le juste cap. La nuit de Notre-Dame, avant de lancer les hommes à l'assaut du feu, sur les coursives, pour une sorte d'opération de la dernière chance, nous écoutons, avec mon adjoint, toujours le fameux binôme si précieux dans la tourmente, un sous-officier d'expérience qui veut en découdre et les architectes qui nous signalent que l'effondrement peut survenir. J'écoute aussi mon intelligence émotionnelle.

J'ai validé l'opération préparée par mon second, Jean-Marie Gontier, qui dirige aujourd'hui la Brigade, et je sais désormais qu'une vingtaine d'hommes risquent leur vie. J'observe leur cheminement grâce à l'éclat de leurs lampes de casque, ces petites lucioles montent le long de la façade de Notre-Dame. J'ai peur, je suis avec eux, tout près. Les uns à la file des autres, ces vingt petits points lumineux progressent en colonne. Elle dégage une détermination incroyable qui tranche avec la hauteur de ces flammes qui s'échappent de la charpente. Au sol, leurs camarades encouragent nos lucioles qui montent, cette force. Chacun sait ce que les camarades, là-haut, traversent : ces escaliers étroits, le poids des bouteilles d'air comprimé, les tuyaux, la chaleur insupportable, le vide, les flammes qui les lèchent. La peur, bien sûr.

À cet instant, je suis un homme seul. Vraiment seul. En tant que chef de la Brigade, je porterai seul la responsabilité de l'échec. La réussite sera celle de tous. Mais on ne partage pas quand on prend la responsabilité d'engager des hommes qui affrontent leur destin. On ne partage pas le regard d'une veuve de 25 ans et celui d'une petite fille de 5 ans devant le cercueil d'un papa recouvert d'un drapeau français, sur lequel a été accrochée une médaille.

On ne devient pas général seulement pour porter des étoiles sur ses galons et commander des hommes. Il faut aussi, surtout, savoir accueillir ces regards, les garder pour soi et vivre avec chaque jour. Jonathan, Geoffroy, Mathieu, Ludovic, Simon, Nathanaël...

Ce soir-là, à Notre-Dame comme dans le parking de banlieue où brûlent plusieurs boxes, le risque est accepté. Les pompiers savent que celui-ci fait partie de la mission. Le travail du chef, c'est d'arriver à ce que les hommes se l'approprient et vivent avec sans être tétanisés par le danger. Sinon, une armée peut s'effondrer.

Les grands récits de batailles du Moyen Âge évoquent ces dizaines de milliers d'hommes défaits en quelques heures parce qu'ils n'ont pas regardé le risque en face.

*

Trois mois avant Notre-Dame, rue de Trévise. Simon et Nathanaël agonisent. Tout est chaos. Alors que plusieurs immeubles menacent de s'écrouler et que les flammes se déploient, il manque un pompier. Il a été porté disparu après l'explosion de gaz. Ses camarades sont prêts à bondir. Personne ne se ment : il faut risquer la vie de sept hommes pour tenter d'en sauver un. Penser une minute, une seule. Ne pas laisser l'instinct parler, celui qui dit : on ne laisse jamais un homme à terre. Mais réfléchir : on n'envoie jamais des hommes à la mort.

Commander, assumer, décider. Les pompiers s'enfoncent dans l'immeuble ravagé pour sauver l'un des leurs enseveli sous les gravats. Ils sont en danger. Ce n'est pas de l'héroïsme. Mais la force du groupe. Un pompier seul n'est rien. Ce n'est qu'avec ses camarades qu'il peut faire de grandes choses. Ce souffle collectif décuple la force de chacun. Cette énergie ne s'improvise pas. Elle se travaille et se nourrit de belles choses, de succès et de belles interventions, mais aussi de tragédies.

La mission d'un chef, c'est de savoir structurer cette force, l'organiser pour qu'elle soit capable d'encaisser un choc mais aussi d'être au maximum de son potentiel lors d'une intervention. Celui qui commande crée ainsi sa légitimité sur dix, quinze ou vingt ans.

*

Quand j'observe mes lucioles qui escaladent Notre-Dame, je ne peux m'empêcher de penser aux tours jumelles de New York. Les beffrois de la cathédrale leur ressemblent étrangement. Si un beffroi s'effondre, il entraînera l'autre, comme le 11 septembre 2001. Me viennent à l'esprit les échanges avec Joe Pfeifer, le premier officier de permanence des pompiers de New York qui se présente ce matin-là devant les deux tours jumelles. « To go or not to go », « y aller ou pas ». Comment répondre à cette question ? Lorsque je suis confronté à un tel choix, je me dis toujours intérieurement : « Il faut envoyer des gens » et non pas « des pompiers ». Sans doute pour me protéger, éviter la paralysie, car ces jeunes de 25 ans, je connais leurs visages, leurs familles, leurs vies. Un père n'envoie pas son fils dans les coursives de Notre-Dame. Ce soir-là, je ne suis pas leur père, je suis leur frère d'armes. Trouver un instant la force de Guillaumet dans sa veste en tweed.

*

L'éthique du commandement. Savoir d'où l'on vient et où l'on va. Savoir vers où on entraîne ceux dont on est responsable. Rester fidèle aux valeurs du groupe. Dans la tourmente, le général Abdon Robert Casso qui a créé la Brigade de sapeurs-pompiers de Paris en 1967 reste une source d'inspiration. Ce grand résistant, proche de De Gaulle dont il a secrètement exfiltré, pendant l'Occupation, une partie de la famille, ce héros de la guerre d'Indochine, a pensé « l'éthique » du pompier de Paris. Elle tient en quelques mots et chaque pompier la connaît aujourd'hui par cœur. « Je ne veux connaître ni ta philosophie, ni ta religion, ni ta tendance politique, peu m'importe que tu sois jeune ou vieux, riche ou pauvre, français ou étranger. Si je me permets de te demander quelle est ta peine, ce n'est pas par indiscrétion mais bien pour mieux t'aider. Quand tu m'appelles, j'accours… » Rester fidèle à ces quelques mots quand tout est chaos.

*

Le courage du chef, ce n'est pas un courage qui se décrète. C'est un courage qui dit : « J'ai confiance dans mes hommes, je suis responsable d'eux. Quoi qu'il se passe, même s'il y a des erreurs, je suis le responsable. » Un chef n'envoie pas à la mort. Mais à la vie. C'est dire : « On avance ensemble. En avant ! » Les responsables politiques disent trop souvent « j'ai raison ». Les chefs doivent assumer leurs erreurs pour avancer.

*

Quand le tragique reprend ses droits et qu'un pompier ne rentre pas après une intervention, le chef doit prendre la parole. Ces mots constituent un « narratif », c'est comme cela que nous appelons le récit d'une intervention dans laquelle nous avons perdu l'un des nôtres. Dire la vérité sur les faits, toujours. Cette histoire collective autour de l'absent doit ressouder les esprits. Ne pas construire une légende sur du sable. Reconnaître les erreurs quand il y en a. Tout est question d'équilibre. Être transparent même si cela fait mal. Éviter les rumeurs, les fantasmes qui détruisent le groupe. Réconforter aussi. Donner du sens surtout. Pour les proches, pour les camarades.

Le courage collectif se nourrit de ce narratif. Et chacun doit se l'approprier. La résilience du groupe dépend de la cohésion. Laisser ensuite le centre de secours, les intimes de celui qui n'est plus là apprendre à vivre sans leur frère d'armes. Ne pas être trop intrusif sous peine de tout gâcher. Les laisser pleurer seuls. C'est leur camarade. Le clan à l'intérieur de la famille.

Laisser la compassion faire son œuvre. Et avancer toujours pour éviter que la peur et la colère ne polluent les esprits. Ne jamais s'arrêter. Après une mission qui n'a pas tourné à la tragédie, on ne rentre jamais chez soi en se disant : « J'ai réussi, je suis le plus fort, j'ai vécu le feu. » On a parfois une boule au ventre, on marche un peu seul. Il n'y a jamais de quoi être fier. Ce n'est jamais comme un match de foot. Il y a l'amertume toujours. Ce sentiment d'inachevé. Il y a ces morts au feu qui nous accompagnent. Ne jamais se reposer, toujours rester vigilant. Demain, il y aura une autre mission. Demain, j'aurai le sourire parce que, cette fois, nous aurons vaincu. Mais nos morts ne sont jamais très loin.

*

Commander, ce n'est pas participer à un concours de beauté. Il faut avoir le courage de déplaire, de froisser les ego, les certitudes. Celui qui commande la marche d'un groupe doit faire éclater les habitudes et obliger ses hommes à sortir de leur zone de confort. La Brigade a longtemps été un corps très masculin, ce n'est ni bien ni mal, c'est ainsi, c'est son histoire. Pour changer les choses, car c'est nécessaire, il faut affronter le corporatisme, casser les rites et les jeux stupides. Corriger les préjugés.

Dans un collectif comme celui de la Brigade, c'est évidemment compliqué. Accepter les femmes, leur faire une place, c'est, pour beaucoup, s'attaquer à un « imaginaire statutaire » construit depuis des décennies sur ce modèle : seul un mâle peut faire dans le tragique. Un fantasme dans lequel je ne me suis jamais reconnu. C'est la responsabilité du chef de s'engager, chaque jour, pour faire avancer les choses. Sur une telle question, le jeune sergent doit être porté par son général pour ne pas se heurter au groupe. Il vient d'avoir ses galons, il n'a pas, et c'est normal, envie de s'affronter et de déplaire à ses hommes, c'est plus simple de fermer les yeux sur une réflexion, un geste, le harcèlement. C'est au grand chef de dire la loi, de sanctionner durement quand c'est nécessaire et quand ce qui s'apparente à un jeu débouche sur l'humiliation. Ne rien voir, ne rien faire, c'est nier ce qui fait notre force, c'est-à-dire le respect mutuel. Le chef n'a pas à plaire à ses hommes. Il ne fait pas de politique. Celui qui flatte les défauts et les mauvaises habitudes n'est pas digne de commander.

*

Erreur, bien sûr, de classer les hommes en deux catégories. Les courageux, les valeureux, les braves. Et les pleutres, les faibles. Pire encore : dire qu'aujourd'hui, le courage disparaît comme si la nature humaine était vouée à la déchéance. Rien n'est plus faux malgré cette évidence : parfois, le courage de quelques-uns prend toute sa force, sa noblesse, son mystère dans le miroir cruel de la lâcheté de quelques autres.

Ne pas laisser dire : « Il faudrait une bonne guerre ! » Il n'y a que dans les romans que celle-ci est romantique. Je l'ai rencontrée : elle est sale. Odeur d'un corps brûlé par une bombe. Visage traversé par une rafale. Membres mutilés par des fous sur le bord d'une route. La guerre est vraiment sale et Jünger se trompe. Avec Genevoix, toujours croiser le regard de celui qui tombe.

Romantisme tout de même, parfois, lorsqu'on croise au combat ces amazones, ces combattantes kurdes, qui ont fait le coup de feu à Kobane contre Daech. Avec leurs camarades, elles sont restées droites en défendant, sous les balles des snipers, chaque immeuble, chaque rue de cette ville, Stalingrad de Daech.

Raqqa, Mossoul, Palmyre… les djihadistes gagnaient alors toutes les batailles. Mais les Kurdes ont décidé que le drapeau noir ne flotterait jamais sur Kobane. Et comment ne pas ressentir de la honte, oui de la honte, quand le président américain, passé la victoire, a laissé d'une pirouette tomber ces sœurs d'armes. La légèreté est une excuse facile : il avait surtout peur de laisser ses troupes au sol et d'assumer ses responsabilités.

*

Ne jamais laisser tomber un frère d'armes. Lors du départ d'Afghanistan, se soucier plus que tout de protéger ceux qui, souvent des interprètes, nous ont aidés à remplir notre mission. On ne laisse pas un champ de ruines derrière soi. Harceler Paris pour trouver le moyen de rapatrier ceux qui ont pris des risques pour nous, contourner un peu les procédures, pousser quelques coups de gueule jusqu'à ce que l'on soit sûr que chacun est à l'abri.

*

Des frères d'armes, oui, ces Kurdes sont nos frères d'armes. Pas des supplétifs de circonstance à qui l'on demande d'aller se faire tuer à notre place. Le 11 Septembre, *Charlie Hebdo*, le Bataclan, Nice, le Mali… C'est notre guerre autant que celle de ces combattants en quête depuis toujours d'une terre pour vivre en paix.

Lors d'une mission en Irak, dans le cadre de la sécurité civile, je suis accompagné d'un ingénieur de la Brigade pour étudier les conséquences de la rupture du barrage de Mossoul. Les séides de Daech tiennent encore les accès de l'édifice, construit sur le Tigre. Celui-ci est à la mesure du chaos qui traverse le pays depuis si longtemps. Saddam a planté les graines de sa folie un peu partout et même après sa mort, celles-ci continuent à prospérer.

Comme un enfant sur une plage qui pense vaincre la marée avec son barrage de sable, le dictateur se croyait plus résistant que le gypse et le calcaire sur lequel il a construit son édifice de 113 mètres de haut et de 3 kilomètres de long. D'outre-tombe, Saddam oblige les Irakiens à injecter en permanence du ciment dans le sous-sol. Mais avec la guerre et le chaos, les Sisyphe sont épuisés et ne remplissent plus leur office. Les djihadistes menacent de tout faire sauter. Kobane, Raqqa, le Sinjar : les Kurdes ont d'autres priorités immédiates. Il faut donc prévenir une tragédie.

Ce barrage menace un paysage éblouissant. Au nord, l'étendue d'eau se confond avec les contreforts des montagnes enneigées qui marquent la frontière avec la Turquie. À l'est, c'est une plaine infinie, cette plaine de Ninive à la terre rouge, ce grand jardin de la Bible, le paradis terrestre d'Adam et Ève. L'embarcadère de Noé, la terre d'Abraham et de Jonas. Le terrain de chasse d'Alexandre le Grand.

L'effondrement du barrage lâcherait douze milliards de mètres cubes d'eau formant une vague haute de 15 mètres sur la Mésopotamie. Il engloutirait plusieurs villes. Il y aurait 5 mètres d'eau à Bagdad, pourtant situé à 400 kilomètres plus au sud, des dizaines de milliers de familles noyées par la crue. Scénario biblique.

Nous cartographions virtuellement la crue et élaborons quelques recommandations pour un plan d'évacuation d'urgence des populations en sachant que dans cette zone de guerre, l'effondrement du barrage se transformerait en chaos.

Sur cette terre je recroise les combattants kurdes de Syrie et leurs compagnes, ces femmes qui, armes à la main, prennent leur part du combat. Elles sont si fières de représenter un symbole face aux hommes au drapeau noir qui violent les yézidies par centaines. Ces femmes en armes ne sont pas des soldats d'opérette : il suffit de traverser les villages kurdes bordés par les posters aux mille couleurs de celles qui ont sacrifié leur vie. Leurs monuments aux mortes sont joyeux, comme s'ils annonçaient l'espoir pour demain.

*

La guerre est surtout psychologique. En combattant face à des hommes persuadés qu'ils rejoindraient le paradis éternel entourés de soixante-dix vierges, les combattantes kurdes les ont humiliés. Le regard perdu, effrayé, tétanisé par la peur du djihadiste qui, avant de rendre son dernier souffle, s'aperçoit qu'il a été touché par une femme qui porte un foulard rouge pour tenir ses longs cheveux noirs mais ne cache rien de son visage. « Eh oui, tu ne le savais pas, mais une femme peut tuer pour sa liberté. » Elles sont des soldats de la vie, ils sont des soldats de la mort. À Kobane, ces jeunes femmes, elles ont 17 ans, 40 ans, ont fait changer la terreur de camp.

Trump n'a pas compris ce qu'elles avaient à dire. Une fois défaits nos ennemis, il a détourné les yeux. La France s'est efforcée, avec ses moyens, forcément modestes et limités, de rester digne, noble et fidèle. Mais quand on a perdu un père, un frère et une sœur dans la bataille de Kobane, il n'y a guère de place pour la nuance. Les Kurdes croyaient au sens de l'honneur.

Ils butent sur la lâcheté et la trahison. Immense gâchis de ne pas avoir mesuré leur noblesse, leur courage.

*

Retour à Paris. On me demande d'accueillir un des principaux responsables de la police turque à la Brigade pour lui présenter nos installations et notre organisation. Il faut l'inviter à déjeuner. Les Turcs n'ont rien fait pour Kobane. Leur haine des Kurdes. Leur jeu trouble avec Daech. Je ne peux pas faire semblant. Bien sûr que je recevrai ce haut responsable avec d'autant plus de plaisir, dis-je aux diplomates qui organisent son séjour, que j'évoquerai avec lui la situation dans la région. Plan de visite modifié : le Turc ne viendra pas. S'amuser des retours des cabinets ministériels : « Gallet est ingérable. » Ne rien lâcher, même dans le dérisoire.

*

On peut être un héros, chuter et se tenir droit à nouveau. Hélie Denoix de Saint Marc a choisi de soutenir les officiers putschistes en Algérie. C'est évidemment contestable. Il faut respecter les lois de la République.

Essayer, tout de même, de comprendre ce qui se passe dans la tête d'un des plus brillants officiers français qui, à un moment, ne respecte plus les ordres de l'autorité civile incarnée par le général de Gaulle. Son engagement, adolescent, dans la Résistance. Sa déportation à Buchenwald. Le mineur ukrainien, ogre bienveillant, qui lui apprend, quand il fait moins 10 degrés, par quelques gestes fraternels, le mode d'emploi de la survie dans les camps : « Devant eux, tu mets un pied devant l'autre, tu marches droit et tu leur fais croire que tu es un travailleur en bonne santé. Tu laisseras parler ton corps la nuit, car celle-ci n'appartient qu'à toi. » Leçon de vie, de courage.

Quinze ans plus tard, Denoix de Saint Marc est devenu un félon pour ceux qui ont oublié le tragique de l'histoire. Il ne conteste pas idéologiquement la République. Ce n'est pas un vulgaire factieux. Il refuse simplement d'abandonner les populations locales. Il estime qu'il doit rester fidèle à son honneur en disant non. Rien, dans une démocratie équilibrée, ne justifie son choix. Mais son honneur n'appartient qu'à lui. Il accepte d'en payer le prix fort tout en sachant qu'il fait une erreur inadmissible. Prison, carrière brisée, famille isolée. Rester droit même en se trompant. Assumer ensuite. Quand on a connu le froid à Buchenwald, peut-être est-il ensuite impossible d'obéir.

*

On ne fait pas un bras d'honneur au président de la République. Mais obéir, ce n'est pas forcément se taire. Le chef doit aussi s'exprimer quand l'honneur de ses hommes est en jeu et leur vie menacée. Donner toujours du sens à une vie perdue. Il y a quelques années, le caporal Geoffroy Henry, 27 ans, a été assassiné par un schizophrène alors qu'il lui portait secours avec deux de ses camarades, lourdement blessés.

Je n'ai pas voulu laisser la mort de Geoffroy sans suite. Mais lui donner du sens en améliorant, à l'avenir, le dialogue entre les différents acteurs de la chaîne des secours, et notamment la police. Faire comprendre aux pouvoirs publics et aux élus que les pompiers ont des missions précises. Sauver des vies. Se battre contre le feu. Ramasser un SDF lors d'une vague de froid.

À chacun sa mission. Quelques jours après la mort de Geoffroy, mon message d'indignation diffusé en interne à chacun des sapeurs de la Brigade fuite dans la presse. « Profonde tristesse », « colère », « indignation ». « Une société qui ne protège pas ses anges gardiens est vraiment malade. Le pompier n'est pas là pour être le punching-ball d'une violence irrationnelle. » Je suis convoqué par celui qui assure la tutelle de la Brigade. Furieux de mon coup de gueule public, il a demandé à quatre de ses adjoints d'être présents. Il me fait la morale comme si j'étais un petit garçon.

Il me parle de « loyauté » et me regarde fixement dans les yeux… Je connais cet affrontement visuel, celui qui fait baisser le regard à l'autre traduit sa position dominante. Scène surréaliste alors qu'un jeune pompier vient de mourir.

Rester droit. Ne pas baisser les yeux. Penser au caporal Geoffroy Henry. Penser aux Kurdes qui se battent pour nous dans leurs montagnes. Penser à mon père dans son camp viêtminh, mort quelques jours plus tôt. Ne pas se renier. Pouvoir sortir de ce bureau porté par le regard de mes hommes, de mes morts silencieux. Et par celui du caporal Geoffroy Henry. C'est mon trésor.

Se souvenir des paroles de l'un de mes anciens chefs, l'ambassadeur Bernard Bajolet : « La franchise est l'une des expressions de la loyauté, même si nous devons en payer le prix, mais c'est le prix de la liberté. » Quelque chose vient de se briser, mais je ne démissionnerai pas : garantir la cohérence entre ma réflexion, mes propos et mon action. C'est ma force. Et tant pis si certains ne peuvent l'entendre.

*

Au printemps 2020, à l'École de guerre qui forme les futurs officiers d'état-major, les futurs colonels et les futurs généraux ont planché sur une épreuve de culture générale en pleine épidémie de Covid. Les jeunes officiers devaient commenter la phrase suivante : « Malheur aux peuples qui ont besoin de héros. » Elle figure dans *La Vie de Galilée*, la pièce de Bertolt Brecht. C'est une réponse du scientifique à Andrea, son assistant, pour qui les peuples sans héros ne valent rien.

Je serais incapable aujourd'hui de discuter les thèmes des exercices de l'École de guerre. Ces moments de réflexion sont nécessaires pour un jeune officier supérieur à mi-chemin de son engagement, indispensables même, car un chef doit s'être nourri de culture générale pour diriger des hommes. Mais je ne saurais plus vraiment répondre à cette question sous la forme d'une dissertation où il faut discuter d'idées contradictoires dans un équilibre parfait. Car je pense, oui, que nous avons besoin de figures héroïques. Pas de celles d'hommes providentiels qui pourraient tout, tout de suite. Pas des héros de carton-pâte des productions hollywoodiennes. Mais de ces héros qui ont bercé l'adolescence de tant de générations et qui semblent avoir aujourd'hui disparu.

Quand j'étais enfant, au milieu des années 70, les livres d'école racontaient encore l'épopée des poilus. Je me souviens de l'un d'eux évoquant un agent de liaison. Il portait un message en traversant les lignes ennemies pour sauver sa compagnie. Nous étions dans sa tête. Au fil des pages, je partageais ses doutes. Faut-il continuer la mission ? Nous avions encore autour de nous des grands anciens qui avaient connu cette époque. Mon grand-oncle, un homme très simple, avait vécu les tranchées. Des gens modestes, sans diplôme, avaient donc participé à l'Histoire de notre pays. Ils en avaient écrit une page. Et avec une encre de sang, le leur.

Nous connaissions de vrais héros, nous vivions dans leur intimité, on nous racontait Roland au col de Roncevaux, le chevalier Bayard « sans peur et sans reproche » et saint Georges terrassant le dragon. À la télévision, on apercevait souvent quelques compagnons de la Libération. Planait encore sur notre pays l'ombre de la Résistance. Celle du De Gaulle de la bataille de Montcornet dans l'Aisne, l'une des seules contre-attaques contre l'armée allemande avant la débâcle, le jeune général qui part un mois plus tard à Londres.

Mon père aussi, évidemment, malgré ses silences, parlait souvent des braves de la guerre d'Indochine. Drôle d'armée française : quelques bataillons d'Afrique, la garde rapprochée de De Lattre, des ex-FFI, des volontaires. L'Indochine est une défaite. Mais nos soldats y ont été si braves. Les vaincus étaient des héros. Leur courage, un repère.

C'est à partir de la guerre d'Algérie que quelque chose s'est cassé. Les héros ont disparu de notre quotidien. La société était soudainement prise d'une grosse fatigue en écoutant ces exploits guerriers. « Ancien combattant » est devenu une insulte. Les adolescents des années 60 ont voulu se réapproprier leur vie sans porter le poids de leurs pères. Sans les larmes. Tous les vingt-cinq ans, une guerre décimait une génération. Ne plus être complice de cette folie. Et oublier l'héroïsme. Après tout, se disaient les jeunes adultes des années 70, nos parents ont été bernés. On leur a fait croire à quelques héros pour cacher le malheur, les faiblesses et la désolation. Et parfois, c'est vrai : la nation se fabrique des héros pour servir une cause.

Guynemer, Nungesser, René Fonck, nos héros de 14, nos As… Sur leurs engins bringuebalants, nos pilotes abattent des dizaines d'avions allemands. Grâce à leurs exploits dans les airs, ils sauvent la vie de milliers de poilus. Ce sont des héros bien sûr. Mais la lecture des lettres qu'ils adressent à leurs proches laisse un malaise. Lorsqu'ils survolent les Ardennes, ils sont comme au champ de tir, défiant la mort. La leur, celle de leurs ennemis. Ils se grisent de leurs exploits, abattent l'Allemand de sang-froid, se chamaillent pour savoir à qui revient le plus beau carton, sans vraiment se soucier de la tragédie qui se joue au sol. L'état-major et le gouvernement utilisent et écrivent la légende des As. Nungesser peint sur son avion une tête de mort : trente citations sur sa croix de guerre, ce qui fait de lui le militaire le plus décoré du XXe siècle. Contrairement à la violence des tranchées, sa guerre dans les airs est presque belle, propre. Les instituteurs reçoivent pour directives de faire chanter les exploits des aviateurs aux enfants des écoles communales. Leur faire croire que chaque père au front est un Guynemer, un héros invincible. Ceux des tranchées doivent tenir. La posture du héros pour servir le courage collectif. « Malheur aux peuples… » Non : il ne peut être question de malheur lorsque la cause est juste et noble. Quoi de plus beau que de croiser le courage ?

Depuis quelques années, nous réapprenons à vivre avec le tragique de l'histoire, « héros » n'est plus un gros mot. Lassana Bathily qui cache les six clients de l'HyperCacher dans la cave. Le chief Joe Pfeifer, commandant des pompiers de New York, qui se pose cette question : « To go or not to go ? » Il choisit d'aller contre son instinct qui lui dicte de monter, monter pour chercher les civils dans les tours du World Trade Center. Ce jour-là, il perd plus de trois cents hommes dont son jeune frère dans la première tour. Mais il en sauve autant en donnant l'ordre de repli à ses hommes engagés dans la seconde. Oui, nous réapprenons l'héroïsme.

Paul Watson, le pirate des mers condamné à la prison en Allemagne et aux États-Unis, qui a passé sa vie à se mettre en travers des baleiniers et des autres pilleurs des océans, parti en cavale pendant quinze mois en haute mer, avec ce seul but : donner du souffle et de l'écho à son combat pour la préservation des océans. Irène Frachon qui se lance à l'assaut d'un grand laboratoire pharmaceutique et qui, dix ans durant, ne plie pas.

Et Coluche ? Je ne partageais pas ses idées, son humour ne me faisait pas toujours rire.

Mais quand même : films, spectacles, showbiz, le voilà tout à sa gloire, il n'a plus besoin de personne, toute la lumière est sur lui. Et pourtant. Son regard penche vers ceux qui n'ont rien. Il a senti, quelque part dans ses tripes, la paupérisation des invisibles, le délitement de la société. L'élite et les experts ne la voyaient pas encore. Mais lui devine que quelque chose ne tourne plus rond. Avec trois camarades, il utilise son image, son amateurisme qu'il transforme en force généreuse pour changer la loi et créer ses Restaurants du cœur. Oui, nous avons besoin de héros. Ils tracent comme un chemin.

Je suis sans nostalgie pour l'« ancien » courage. Il n'est pas mort à Valmy ou en 1945. Penser cela n'est qu'une facilité, une faiblesse, une lâcheté bien confortable. Trop facile de se dire que la France est condamnée à la défaite. Alésia, Rethondes… Une grande nation comme la nôtre, c'est une succession de naufrages où le sang des cinq martyrs du lycée Buffon rachète tous les collabos. Liberté, égalité, fraternité. Mon combat, c'est ce mot : la fraternité. Être courageux, c'est avoir des frères d'armes avec soi. Si cet homme se tient à côté de moi et qu'il n'a pas peur de se battre, alors il ne peut y avoir de défaite. Aujourd'hui, parce qu'un virus rôde et que quelques fous se promènent dans nos rues avec une kalachnikov chargée de haine, nous avons besoin de héros. Le courage n'est pas un gros mot.

*

Célébrer le courage. Et tant pis si les imbéciles s'en offusquent. Il y a quelques années, des extrémistes et des complotistes m'ont pris pour cible. J'avais osé associer le courage de Mamoudou Gassama à celui de nos jeunes soldats qui se battent au Mali. Pas comparer le courage des uns et des autres, bien sûr. Simplement établir un pont. Célébrer le courage. Saluer le parcours si différent de ces jeunes hommes. Mais si semblables dans leur noblesse.

*

Parfois, être courageux, ce n'est que planter une graine toute modeste, fragile, qui prospère longtemps après soi. Je pense souvent à Piero Corti et Lucille Teasdale. Ce couple de médecins, lui Italien, elle Canadienne. Au début des années 60, par goût de l'aventure, ils ont 30 ans, ils créent un petit hôpital de quarante lits à Lacor dans le nord de l'Ouganda, en pays Acholi. La famine, la guerre civile, Amin Dada, le sida… Leur petit dispensaire subit de plein fouet tous les séismes du pays. Jour après jour, une évidence prend corps : ils ne peuvent plus partir. Ils n'ont pas le droit de se dérober, même lorsqu'au milieu des années 80, Lucille est contaminée par le VIH pendant les opérations chirurgicales qu'elle pratique à la chaîne.

Leur centre de soins est le seul à 600 kilomètres à la ronde. Et la folie des hommes n'y est pas le moindre des dangers. La piste que j'ai souvent empruntée dans les années 2000 pour leur livrer du matériel médical n'est, tout du long, qu'un chemin de poussière et de pierres où tout peut arriver. La soldatesque d'Amin Dada a laissé la place aux Kadogos, les enfants-soldats du chef de l'Armée de résistance du Seigneur, Joseph Kony. Petit à petit, le couple Corti a formé une armée d'infirmières et de médecins. Ils ont tenu jusqu'au dernier jour. Aujourd'hui, les Corti ne sont plus là. Ils reposent dans le petit jardin de l'hôpital qui reçoit 250 000 patients par an. Planter une graine sans savoir ce qu'elle deviendra, sans calcul, avec un peu d'improvisation. Un destin sans coup d'éclat. Piero, Lucille, dans mon cœur, une stèle porte votre nom.

Montrer un chemin. Après leur mort, leurs « enfants », les médecins qu'ils ont formés pendant quatre décennies, leur sont restés fidèles. Lors de la crise d'Ebola, ils ont refusé d'évacuer l'hôpital pour rester avec leurs malades. Un soir, hébergé par les sœurs qui composent le gros des équipes de soignants, alors que Kony et ses lieutenants ravageaient les alentours, j'ai aussi découvert que l'hôpital de Piero et Lucille accueillait chaque nuit des dizaines de jeunes enfants et leurs mères. En se tenant debout, toujours, les soignants ont gagné le respect des démons.

*

Le message du héros, ce qu'il nous dit derrière son acte de bravoure et son attitude, est tellement plus puissant que son geste lui-même. Quand Arnaud Beltrame, lieutenant-colonel de gendarmerie, prend la place, le 23 mars 2018, d'une jeune femme otage dans un supermarché de l'Aude où un djihadiste armé s'est enfermé, son geste dérange. Techniquement et tactiquement, il s'exonère de toutes les procédures, de la raison aussi. En réalité, il donne un grand coup de pied dans le récit que les djihadistes sont en train de s'écrire, celui d'une victime supplémentaire du terrorisme dans un lieu public sur le sol français. Beltrame délivre un message précieux. Il est le miroir inversé du djihadiste. Comme ce dernier, le militaire sacrifie effectivement sa vie. Mais lui, ce n'est pas pour tuer. C'est pour sauver. Comme le djihadiste de Daech, Beltrame prouve qu'il peut lui aussi mourir pour un idéal. Mais que le sien est bien plus grand, plus noble, plus juste. Fabuleuse victoire de l'humanité de montrer que l'on aime tellement la vie qu'on peut offrir la sienne pour l'autre. Ce jour-là, la mort de Beltrame incarne une défaite magistrale pour Daech.

*

Je suis sûr d'une chose : quand des hommes tombent en mission, il faut parler, raconter, les célébrer, les honorer. Nous le faisons chez les pompiers, dans un rituel très codifié, chaque lundi matin au même moment, dans chaque caserne. Une *Marseillaise*, le salut au drapeau. Et l'appel à nos morts. Nous lançons leurs noms les uns après les autres suivi d'un « Mort au feu » qui rappelle leur sacrifice, leur don.

Quand l'un de nous ne rentre pas, c'est un héros qui vient de tomber. Oui, notre frère d'armes est mort dans un obscur parc de stationnement d'une cité du Val-de-Marne. Ce n'est pas un accident stupide. La mort du sergent-chef Jonathan Lassus-David, c'est une évidence, c'est le sacrifice suprême. Bien sûr qu'il faut valoriser nos morts dans des cérémonies. Pas seulement pour montrer l'exemple aux plus jeunes, ce serait mortifère. Mais parce que si l'on veut que les gars repartent le lendemain, il faut donner du sens à une mort héroïque. Demain, les frères d'armes de Jonathan doivent savoir pourquoi ils partent se battre contre un feu. Ils savent qu'ils peuvent mourir.

L'animal fuit lorsqu'il a peur. Quand la forêt brûle, il détale. L'homme peut dire non, réfléchir et trouver les moyens de combattre. « Ce que j'ai fait, jamais aucune bête… » Guillaumet a raison finalement. L'homme choisit son destin. Guillaumet sait que s'il s'assoit sur un rocher dans la montagne, il va s'endormir. Alors il pense aux copains, à sa femme, à sa mission et décide, froidement, de ne pas mourir. Ce serait trop bête de mourir comme un animal.

*

En opération, dans ces phases où le risque peut l'emporter, c'est justement cette liberté de pouvoir choisir son destin qui unit les hommes, quel que soit leur grade. Risque consenti, risque assumé.

*

Le discours d'André Malraux, lors de la panthéonisation de Jean Moulin en 1964 : « Le jour où au Fort Montluc à Lyon, après l'avoir fait torturer, l'agent de la Gestapo lui tend de quoi écrire, puisqu'il ne peut plus parler, Jean Moulin dessine la caricature de son bourreau, bafoué, sauvagement frappé, la tête en sang, les organes éclatés, il atteint les limites de la souffrance humaine sans jamais trahir un seul secret. Lui qui les savait tous. »

Et que fait son grand rival dans la Résistance ? Meurtri que de Gaulle ait choisi Moulin comme représentant, Pierre Brossolette est ivre de colère et de rage contre la plupart des chefs de l'armée des ombres qui ont préféré suivre le préfet. Arrêté par la Gestapo, il se jette du quatrième étage pour ne livrer personne après deux jours de torture. Et lui aussi emporte ses secrets. La nation a tellement raison d'honorer ses deux fils ennemis, l'un et l'autre si nobles, en les plaçant côte à côte au Panthéon.

*

J'insiste, il ne faut pas mélanger témérité et courage. La témérité, c'est la démesure, la mise en danger, l'exploit, l'inconscience et surtout pas mal de folie. On peut mettre la témérité au service de l'ignoble, de l'inhumanité. Sentiment d'être plus fort que la mort. Aimer la mort. Himmler s'adressant aux escadrons SS à Stalingrad : « En versant leur sang sur le front, ils gagneront le droit moral d'abattre les lâches et les saboteurs de l'intérieur. » Ils puisent leur force dans la destruction de l'autre. Ils ne sont pas courageux : ils sont prêts au sacrifice suprême pour une idée folle. Pas pour sauver un homme, pas pour sauver l'homme.

Dans les derniers jours du pseudo-Califat de Daech, il y avait chez les djihadistes comme une forme de témérité. Ce sont des monstres. Ils ont pillé, violé, dynamité Palmyre. Trouble pourtant de les voir tenir leurs lignes de fortune nuit et jour sous le déluge de feu de la coalition et de nos alliés kurdes. Ils refusent de se rendre alors que tout est perdu pour eux. Ils s'enferment dans le réduit de Baghouz en Syrie avec leurs familles et savent qu'ils n'en sortiront jamais vivants. Fanatisme, folie. Ils ont voulu faire croire que c'était du courage. Mais ils n'ont pas été dignes de celui-ci. Il est justement la plus belle manifestation d'humanité. C'est le don de soi, la gratuité du geste. Se battre pour une noble cause. Ne pas dénoncer son camarade lorsqu'on est torturé. Le courage c'est la lucidité, la vaillance, la retenue, la solidarité, la liberté de choisir. Le sens. La bienveillance. L'amour de l'autre. L'amour de l'homme.

*

Longtemps, on faisait apprendre aux petits Français l'histoire de nos ducs de Bourgogne pour inscrire dans la tête de chacun l'histoire de notre pays, bien sûr. Mais il fallait aussi faire comprendre la vraie nature du courage, ses nuances et les conséquences de ses gestes. Et le danger qu'il pouvait y avoir à suivre des seigneurs dont la bravoure n'avait pour moteur que la quête du pouvoir. Après tout, les Français aiment tant les héros et l'héroïsme, surtout lorsque celui-ci masque la débâcle, nous ne sommes pas les fils de Vercingétorix pour rien, qu'il fallait bien, dès l'école, qu'ils soient mis en garde. On leur racontait Philippe « le Hardi », le dernier fils du roi Jean II de France, captif à l'adolescence des Britanniques après la seconde bataille de Poitiers (en 1356). Un mécène, généreux. Un bâtisseur. « Le Hardi », donc. Son fils, Jean

« sans Peur ». Jaloux de ses rivaux, il voulait pour lui le trône de France et déclencha une guerre civile avant d'être assassiné. Le message aux écoliers était clair : la peur a du bon, elle vous empêche de faire n'importe quoi. Philippe « le Bon », ensuite, le plus malin. Pour venger son père, il trouva les ressorts – la révolte fiscale contre le roi de France et les alliances de revers – pour gagner l'autonomie de fait de l'État bourguignon.

Reste le dernier des ducs, Charles « le Téméraire », celui qui perd tout en 1477. On le retrouve, c'est en tout cas sa légende, celle que l'on raconte aux enfants, le visage pris dans la glace et dévoré par les loups après être tombé de son cheval en pleine bataille. L'orgueil, toujours. Il perdit en quelques années absolument tout ce que les trois premiers ducs avaient patiemment construit. Des palais. Un État puissant et des terres qui, finalement, reviennent au roi de France. Soyez courageux, petits écoliers. Mais ne soyez pas téméraires, cela ne mène pas loin.

*

Rester vigilant pour que la témérité ne prenne jamais le pas sur le courage. Mon père admirait plus que tout l'un de ses « jeunes anciens », l'adjudant-chef Roger Vandenberghe que ses hommes surnommaient « le tigre noir ». L'Indochine, c'était « la » guerre de mon père. De cette guerre oubliée, il évoquait parfois « Vanden », à peine plus âgé que lui, qu'il avait croisé au Nord-Tonkin. Vanden et son destin. Jeune juif sous l'Occupation. La déportation de sa mère dans les camps. L'assistance publique. Le maquis et les actions commandos contre les Allemands. De Lattre de Tassigny qui fait de « Vanden » son sous-officier de confiance en Indochine. Opérations spéciales dont le succès repose sur l'audace et le courage du tigre noir. « Vanden » qui traverse les zones contrôlées par le viêtminh pour récupérer le corps de Bernard, le fils de son général, mort à Ninh Binh. Il devient le chef des commandos de supplétifs créés par de Lattre. Se déguise pour passer pour un prisonnier et dérober des documents sur les positions viêtminh. Légion d'honneur, médaille militaire, quinze citations, douze blessures. Mon père parlait des exploits de « Vanden » et du commando numéro 24, fierté des sous-officiers du corps expéditionnaire en Indochine. Plus tard, j'ai un peu creusé pour comprendre qui était cet homme que mon père admirait tant. J'ai découvert sa face sombre. « Vanden » est peu à peu devenu une bête de guerre, n'épargnant pas les civils. C'est ce qui le perd. Il se venge des défaites de la France, de la mort au combat de son frère aîné avant d'être lui-même trahi et assassiné par un de ses hommes. Un brave aveuglé par la haine est-il encore brave ? Je n'en ai jamais parlé à mon père. J'ai voulu lui laisser son héros. Existe-t-il des hommes sans taches ?

*

Camus a écrit : « Un homme, ça s'empêche. » C'est mon point cardinal, celui qui m'a souvent permis de rester digne, de ne pas galvauder l'esprit de la mission. Au début des années 2010, je suis en Afghanistan depuis plusieurs mois et je me répète souvent à moi-même ces quatre mots. Les troupes françaises quittent le district de Surobi et la région de la Kapissa. Sentiment amer. Le repli laisse de nombreuses questions en suspens. Nous avons perdu quatre-vingt-huit soldats français en dix ans de mission. Mais notre présence, c'est une certitude, a permis à l'armée française de « réapprendre » à faire la guerre en terrain hostile et ne plus être seulement une force de maintien de la paix. C'est en Afghanistan que nos troupes ont pu se préparer pour Serval puis Barkhane. Le sens de la mission et la cruauté de l'histoire. Devant notre retrait, les Taliban et les Hezbi de Gulbuddin Hekmatyar pavoisent probablement. Mais les quatre-vingt-huit soldats français n'ont pas perdu la vie pour rien… Nous savons à nouveau faire la guerre.

*

En Afghanistan, nous sommes engagés au sein d'une coalition où tout se partage, les appuis feux, les drones et surtout le renseignement. Grâce à de très bonnes sources, lors du retrait de la France, au moment où la coalition a déjà remplacé en grande partie les militaires francais, j'apprends où se cache une cellule taleb avec un véhicule bourré d'explosifs. Ils sont prêts à frapper et visent probablement la base avancée que nos alliés ont investie après notre départ. Le véhicule suicide est dissimulé dans une petite ferme, à l'entrée d'un village. Il y a des civils, des femmes, des enfants. Ces lâches se cachent toujours parmi les innocents. Un survol de drone le confirme : la charge est probablement déjà posée, le châssis du véhicule est très bas. L'action est donc imminente. Ce jour-là, il y a deux options : un tir préventif sur la ferme et tout serait fini en quelques secondes, sans risques, sans pertes pour nous. Mais avec d'inévitables

« dégâts collatéraux », ces enfants qui jouent près du camion, ces femmes qui n'ont rien demandé à personne. L'autre option, plus risquée, moins immédiate, c'est de détruire ce camion lorsqu'il sera en mouvement, sans civils autour.

Pour prendre une décision, je m'isole du reste de l'équipe et demande à mon officier de liaison auprès de la coalition de gagner du temps avant la frappe préventive qui semble être l'option retenue par l'état-major. Ces derniers sont excités devant la perspective de détruire le véhicule piégé dans son refuge villageois. Ne pas donner toutes les informations immédiatement pour pouvoir réfléchir sans pression. Car, ensuite, il est impossible de rester maître de la décision. Je redoute ces pressions extérieures qui pousseraient à en finir immédiatement. Donner du sens à l'action. Rester dans les clous du mandat. Et surtout ne pas se venger de nos morts. Ce n'est ni la peine ni la colère qui doit décider.

Nous avons une mission, l'emploi de la violence est légitime. Mais celle-ci doit être mesurée, proportionnée. Et surtout pas gratuite. Sur un terrain de conflit, l'officier doit souvent restreindre les pulsions vengeresses. Ces pulsions animales m'habitent moi aussi. Mais si je veux rester droit, je dois les maîtriser, ne pas me laisser déborder, résister à la tentation. Je dois donner des ordres dont plus tard, je ne devrai jamais avoir honte. Je ne suis pas un bourreau. Mais un soldat. Un soldat de France. Un soldat de la patrie des droits de l'homme. Qui se bat avec humanité. Sans aucune faiblesse. Mais avec conscience.

Lorsque je propose la seconde option, la destruction du véhicule à l'écart des habitations civiles, je me heurte immédiatement à un officier de la coalition beaucoup plus gradé que moi. Il veut envoyer des hélicoptères d'attaque immédiatement. Je résiste. Je dis non. Notre mission n'est pas de faire un carton. Détruire ce camion, oui. Mais en évitant le carnage des innocents. Discussion houleuse. Son regard ne trompe pas : il considère que je suis passé à l'ennemi.

Tenir bon. Dans quelques jours, je vais quitter ces hautes vallées aux noms imprononçables. Ne pas baisser les yeux. Penser toujours au sens de notre mission. L'éthique du soldat. Avoir une arme à la main n'empêche pas de réfléchir. Au contraire, cela oblige. À Saint-Cyr, cette formidable école qui forme les futurs officiers français, on apprend une multitude de choses utiles et passionnantes. Droit des conflits armés, relations internationales, histoire militaire, cyberdéfense, etc. Les professeurs y sont d'un excellent niveau et forment les jeunes futurs officiers à décider dans l'incertitude, à déployer une intelligence de situation dans un environnement en crise et bien sûr à mener des hommes dans l'adversité, à fédérer les énergies. On apprend la philosophie et à nourrir une réflexion sur l'éthique du combattant. On emporte aussi avec soi une boussole pour naviguer par gros temps. La mienne, c'est le dernier discours de notre chef, le lieutenant-colonel Georgelin, futur chef d'état-major de l'armée, s'adressant aux élèves officiers d'active de la promotion « Cadets de la France libre » : « Ayons de l'audace, soyons exemplaires et soyons... courageux. » Mais aucune école, même la meilleure, ne peut apprendre à un jeune officier à affronter la barbarie. Il n'y a pas de formation qui tienne dans ce domaine. Cela doit venir d'expériences personnelles, de valeurs, de ressources propres. Tant que tu n'es pas confronté au feu, celui des armes ou celui du dragon, tu ne sais pas comment tu vas réagir.

Dans cette vallée d'Afghanistan, je ressens de la colère contre cet ennemi. Sans doute, quelques années plus tôt, avec moins d'expérience, j'aurais moi aussi préconisé la destruction immédiate du camion. Mais tenir la haine à distance, toujours. Savoir dire non. Anéantir « proprement » l'ennemi sans faire de victimes inutiles. Penser contre soi et contre l'autre. Le ramener à la raison. Se ramener soi-même à la raison. Ne pas être aussi sauvage que notre ennemi. Réussir, finalement à convaincre qu'achever ce séjour dans cette vallée au nom de la France par un massacre ne serait pas digne. Vivre avec Camus : « Un homme, ça s'empêche. » Ne pas tomber, se tenir droit.

*

Pendant la crise sanitaire, mi-2020, j'ai repris du service durant quelques semaines. Je venais de quitter l'uniforme, j'étais évidemment disponible pour servir mon pays et cette nation qui va si mal mais que j'aime tant. À la mi-mars, j'ai été détaché auprès du ministère de la Santé pour optimiser les ressources de l'hôpital. En pratique, il fallait améliorer, dans l'urgence, la coordination des services publics pour l'attribution des respirateurs. Recenser les moyens des CHU, des cliniques privées, du Service de santé des armées et même… des vétérinaires. Affronter la sidération. Remettre du sens. Planifier l'imprévu. Organiser le désordre. Se méfier des certitudes et des avis péremptoires. La base de la gestion de crise que je connais depuis toujours.

Je me souviens de mon arrivée dans ce ministère, quelques heures après la décision gouvernementale de fermer les écoles et les commerces. Avenue de Ségur, la plupart des étages ont été désertés. Bureaux vides. Poubelles pleines. Gobelets de café. Un pull sur une chaise. Premier choc en cheminant dans les couloirs. Effroi, même. Notre pays affronte un ouragan comme il n'en a pas connu depuis plusieurs décennies, les plus hauts responsables de l'État ont tracé une ligne, un chemin mais je ne retrouve pas l'atmosphère d'une ruche bourdonnante qu'une telle situation commande.

Bien sûr, les nouvelles technologies permettent de travailler à distance. On peut se téléphoner, travailler en visioconférence. Mais il manque la présence humaine, les points de situation initiaux, les échanges de regards pour amorcer cette gestion de crise d'autant que derrière les chiffres, mille drames intimes et familiaux se jouent. Je ne comprends pas ces couloirs vides. Lors d'un incendie ou d'un attentat, les civils doivent fuir ces lieux de mort. Pas les pompiers. Je suis atterré. Face à une telle crise, les soignants, ces fantassins de l'épidémie, sont évidemment en première ligne, nuit et jour dans les hôpitaux. Le centre de crise et l'étage du ministre sont à la manœuvre. Mais où sont les cadres derrière ? Où sont ceux qui doivent conduire la stratégie ? Ceux qui doivent réfléchir à la manœuvre d'ensemble ? Aider les troupes dans les tranchées en leur apportant les munitions dont ils ont besoin ? Orienter ceux qui affrontent l'ennemi et n'ont pour champ de vision que le registre des admissions du service des urgences de leur hôpital ?

Je cherche alors à organiser l'accueil de la petite équipe avec laquelle je vais travailler. Une équipe hétéroclite dans laquelle chacun est conscient de l'enjeu. Chaque soir, Santé publique France décompte le nombre de morts et de patients en réanimation. Les chiffres s'affolent. La défaite s'annonce. Me reviennent à l'esprit quelques passages de *L'Étrange Défaite* de Marc Bloch écrits après la débâcle de 1940. Faillite morale des élites. Impréparation. Légèreté. Défaitisme. « Il ne manque pas une chambre de réanimation », cette phrase parfois prononcée en janvier 2020 au début de la pandémie me fait penser à ce slogan de 1939, « il ne manque pas un bouton de guêtre », et à la drôle de guerre.

D'emblée, on impose à notre petite task-force des consultants d'un grand cabinet d'audit « pour vous accompagner », me dit-on. Le temps est compté, nous disposons de quelques jours à peine avant que les services de réanimation des régions les plus touchées soient saturés. Je n'ai pas besoin de conseillers. J'ai besoin de cadres capables de comprendre vite, d'analyser, d'anticiper, bref d'une chaîne de commandement classique avec des personnes qui s'exposent, qui prennent des risques.

Très vite, l'évidence. Il faut changer d'organisation. La lutte contre le Covid doit être décentralisée. Chaque région constitue un front. L'échelon central doit anticiper et identifier les renforcements nécessaires. Et faire confiance aux régions. Il faut aussi rétablir au plus vite la confiance, d'abord entre les soignants, qu'ils soient libéraux ou hospitaliers, publics et privés, et la hiérarchie, le contrat de confiance entre l'État et les citoyens. Le virus a un temps d'avance.

En quelques jours, je parviens à faire venir auprès de moi plusieurs jeunes officiers de l'École de guerre dont je connais les compétences et surtout les capacités d'adaptation en situation de crise. Je veux les envoyer en appui dans les ARS, les agences régionales de santé. Mais ce n'est pas si simple, je dois établir « des fiches de poste précisant les tâches de ces chargés de mission ». Consternation. Il y a des vies en jeu mais il faut d'abord remplir un bordereau administratif. Un peu comme si, lors de l'incendie de Notre-Dame, un expert était venu évaluer le débit hydraulique de nos lances à incendie avant que nous nous engagions...

Passé la colère intérieure, je temporise. Ce que nous vivons n'est ni une guerre, ni un incendie. Ce n'est pas la capitulation : certains pays affichent une légèreté coupable tandis que la France, certes avec mille défauts, affronte la réalité. Les soignants tiennent et ne plient pas. Je ne dois pas réagir comme un sapeur-pompier ou un combattant. Mes réflexes sont ceux d'un soldat du feu qui doit mobiliser toutes ses ressources dans l'urgence. Cette épidémie va durer plusieurs mois, il faudra se procurer d'autres armes que celles que je connais. Les inventer. Apporter de la sérénité.

Après les premiers jours de sidération et de désordre, je constate pourtant avec plaisir le dévouement de certains hauts fonctionnaires. Il y a même beaucoup de « touristes », comme nous appelons chez les pompiers sur une intervention ceux qui, pleins de bonne volonté, peinent à trouver leur place. Au moins, ils sont là ! Je sais qu'il n'y aura pas de procès contre les déserteurs et je préfère imaginer qu'ils ont un peu honte lorsqu'ils tendent leur sac de courses à la caissière qui, souvent sans masque, au début de l'épidémie, est, elle, à l'œuvre. Et se tient droite, elle, parce qu'elle n'a pas le choix. Leçon de courage.

Notre administration centralisée est une belle machine mais elle s'englue dans des procédures quand il lui faudrait réagir dans l'urgence. Certains responsables savent gérer des équipes efficacement. D'autres sont totalement dépassés et ne devraient pas avoir de responsabilités. Je découvre que personne n'est prêt à affronter la tempête. Contrairement aux pompiers ou aux soldats qui s'entraînent sans fin, et parfois sur des scénarios improbables, personne n'a imaginé le pire. Ceux qui devraient être à la manœuvre ne savent pas travailler ensemble. Il faut casser leurs habitudes, prendre des initiatives, bouleverser leurs certitudes et donner du sens aux actions de ceux qui œuvrent sur le terrain. C'est l'une des clefs de la gestion de crise. Au combat, pour que les choses fonctionnent, chacun doit faire confiance à l'autre, savoir qu'il peut compter sur l'autre et ce qu'il doit faire. Mettre de côté les ego, les conflits et agir. Le travail en équipe, l'autonomie, l'efficacité s'apprennent et se préparent. L'improvisation ne génère que du chaos.

Pendant ces semaines, je prends conscience que nous avons oublié le tragique de l'Histoire. Nous ne nous sommes pas préparés aux temps difficiles qui ont modelé tant de générations.

S'il ne s'agissait que d'un oubli, ce ne serait pas si grave : nous serions armés pour la crise d'après. Mais ce qui nous arrive est tragique : un état d'esprit néfaste s'est progressivement diffusé dans nos esprits. Nous sommes devenus des adolescents. Trop facile d'accuser l'État « nounou » qui aurait déresponsabilisé les individus ou de pointer du doigt l'individualisme. Après tout, c'est justement parce que chacun, individuellement, avec ses valeurs intimes et sa propre histoire, parvient à se prendre en main que le collectif peut fonctionner. Pendant ces quelques semaines, je constate que ce qui nous arrive est bien plus grave : la notion de devoir, de responsabilité s'étiole. L'engagement est d'abord une démarche individuelle. Dans une dictature, les choses viennent d'en haut. Et gare à celui qui sort du rang. Dans une démocratie, c'est la somme et la combinaison des responsabilités individuelles qui forment la responsabilité et la discipline collective. Ce virus, ennemi sans visage, pourtant dénué d'intelligence, est particulièrement pervers. Mais face à lui nous sommes des enfants gâtés, réfractaires à toute responsabilité, sans courage.

*

Notre époque considère le principe de précaution comme l'alpha et l'oméga de la prise de décision. C'est une erreur majeure. Non que celui-ci soit inepte. Il peut servir de guide à celui qui est en responsabilité. Il faut lutter contre l'arbitraire et il est indispensable pour protéger des vies face à des intérêts puissants. Je pense notamment à la recherche médicale ou scientifique. Les intérêts financiers ou tout simplement le sentiment de toute-puissance de certains chercheurs peuvent parfois exploser leurs limites morales. Il est donc nécessaire de fixer des bornes éthiques, de prendre le temps de réfléchir.

Ce principe de précaution est évidemment incontournable pour encadrer des zones de non-droit. Mais en période de crise ou de guerre, celui-ci n'a plus autant de sens. Si nous le laissons guider chacun de nos pas, il peut annihiler la prise d'initiative, la part d'inconnu qu'il y a lorsqu'on prend un risque. Il peut donner une justification à toutes les lâchetés. Les victimes vont mourir « règlementairement », les responsables n'iront pas au tribunal puisqu'ils auront respecté les procédures sans faire preuve d'intelligence de situation, de discernement et tout simplement de courage. Si ce principe devient le moteur de toute décision, il ne sera plus possible demain d'engager un soldat sans lui faire parapher un contrat avec cette mention : « Le signataire peut être amené à risquer sa vie dans le cadre de ses fonctions »... Dans une guerre, l'ennemi n'est pas un risque virtuel. Les soldats savent pourquoi ils se sont engagés. Ceux qui meurent au combat ne sont pas des « victimes » : ils ont effectué une mission et leur mort a toujours un sens.

Lors de l'embuscade d'Uzbin, en Afghanistan, en août 2008 où dix soldats français ont trouvé la mort au nord-est de Kaboul, beaucoup de militaires n'ont pas compris lorsque le président de la République, c'était Nicolas Sarkozy, a fait passer ces dix morts au combat pour des « victimes » en demandant à ce que les responsabilités, au sein de l'armée, soient recherchées. Ils étaient des héros. Pas des victimes. Sans doute Nicolas Sarkozy était-il sous le coup de l'émotion. Peut-être y a-t-il eu des erreurs lors de cette mission. Mais c'était placer les chefs dans une posture intenable. Avant d'envoyer un commando contre un ennemi au Sahel ou ailleurs, le chef doit évidemment s'assurer de faire courir à ses hommes un risque raisonnable et consenti, une mission à leur portée avec des moyens adéquats. Le chef anticipe, prend le risque de se mettre à la place de l'ennemi, s'appuie sur toute une gamme de capacités. Mais il est impossible de supprimer le danger et l'aléatoire. Le chef fait tout pour la réussite de la mission et ne doit donc pas être inhibé par un risque juridique, le nom officiel de la crainte.

*

« Sauver ou périr. » Lorsqu'il s'engage, le pompier sait qu'un jour, peut-être, il devra intervenir « au péril de sa propre vie ». Les choses sont dites. Les mots ont du sens. Mais cela ne figure pas dans le « contrat d'engagement », le seul acte administratif que signe le jeune lors de son entrée dans la Brigade. Nulle part, il n'est question d'une clause en petits caractères expliquant que « le signataire est amené à risquer sa vie pour en sauver d'autres ». Les familles ont besoin de « coupables » pour trouver des réponses à ce qu'elles vivent comme la pire des injustices. Nous redoutons le jour où une famille portera plainte parce qu'un pompier aura trouvé la mort en opération. Sauf à avoir commis une faute, je ne sais pas comment j'aurais supporté de me retrouver devant un tribunal face à une famille.

Il y a encore une vingtaine d'années, on disait que la mort d'un sauveteur était un « malheureux accident en service commandé ». Aujourd'hui, une telle phrase n'est plus audible. Le soldat du feu qui meurt en opération, le « mort au feu », n'est pas une victime. Son sacrifice a du sens. Ce n'est pas un accident du travail. Sa vie n'avait pas plus de valeur que celle d'un autre mais sa mort n'est pas tout à fait comme les autres. Les cérémonies aux Invalides paraissent sans doute un peu grandiloquentes à certains mais la pompe et le rituel sont indispensables pour dire les choses clairement : le pays rend hommage à l'un de ses héros. Pour que les familles encaissent. Pour que le groupe continue. Pour que dans notre société qui ne va pas si bien, des hommes risquent leur vie pour les autres. Au nom de l'humanité. Ne pas avoir peur de célébrer le courage.

*

Relire Camus, toujours. Je me suis replongé dans « Le siècle de la peur », cet article qu'il a écrit en 1948, juste après le fracas. Quand il dit « notre XXe siècle est le siècle de la peur », c'est aussi à nous, à notre temps, qu'il s'adresse. Internet organise notre quotidien, la Chine est la nouvelle puissance conquérante, nous envoyons des sondes dans l'espace et demain matin, nos voitures conduiront seules. Plus que jamais, nous sommes persuadés d'incarner les êtres les plus évolués que l'humanité a jamais portés. Nous n'avons peur de rien. Mais ce que Camus dit trois ans après le second conflit mondial résonne étrangement : « Ce qui frappe le plus, en effet, dans le monde où nous vivons, dit-il, c'est d'abord, et en général, que la plupart des hommes (sauf les croyants de toutes espèces) sont privés d'avenir. Il n'y a pas de vie valable sans projection sur l'avenir, sans promesse de mûrissement et de progrès. Vivre contre un mur, c'est la vie des chiens. Eh bien ! Les hommes de ma génération et de celle qui entre aujourd'hui dans les ateliers et les facultés ont vécu et vivent de plus en plus comme des chiens. » Nous sommes les fils et les petits-fils de Camus. Nous ne vivons plus comme des chiens. Mais c'est notre héritage. C'est pour cela que ce qu'il dit reste si vrai : « Quelque chose en nous a été détruit par le spectacle des années que nous venons de passer. Et ce quelque chose est cette éternelle confiance de l'homme, qui lui a toujours fait croire qu'on pouvait tirer d'un autre homme des réactions humaines en lui parlant le langage de l'humanité. Nous avons vu mentir, avilir, tuer, déporter, torturer, et à chaque fois il n'était pas possible de persuader ceux qui le faisaient de ne pas le faire, parce qu'ils étaient sûrs d'eux. »

Ce ne sont plus Hitler et Staline qui incarnent aujourd'hui la menace. Mais notre aveuglement, notre paresse, notre égoïsme. Ou un virus minuscule dénué d'intelligence.

Notre société est tiraillée par mille mouvements contradictoires. Le cœur du pouvoir est centralisé à outrance, sa légitimité n'a jamais été aussi remise en cause, tout le monde sait tout sur tout grâce aux réseaux sociaux et chacun est écartelé par mille opinions contradictoires.

Tout ceci aurait pu engendrer une passivité suicidaire. Un relativisme où lâcheté et bravoure se vaudraient. Une société où le sacrifice ne serait plus accepté. Question lancinante, vertigineuse : cent ans après 14-18, accepterions-nous la mort d'un million de jeunes hommes dans les tranchées ? Refuserions-nous que cent mille Français meurent l'espace d'un été comme en mai-juin 40 ? Non, le courage n'est pas soluble dans l'ère démocratique et dans une société pacifiée. Au contraire. Il est plus exigeant. Il nous oblige et nous transforme. Nous n'affrontons pas le virus et les fous dans Paris armés de kalachnikovs comme l'auraient fait nos pères et nos grands-pères. Mais pour connaître la force des soldats français au loin ou des pompiers dans nos rues qui risquent leur vie, je sais que le courage est vivant.

*

Même quand on connaît intimement celle-ci, il est normal d'avoir peur de la peur. Au début des années 2000, je suis affecté pour plusieurs mois à l'ambassade de France d'un pays blessé d'Afrique. La réalité que j'y découvre ressemble à un mauvais film enfilant les clichés et les fantasmes les uns à la suite des autres : vingt années de guerre civile, une population épuisée, des élites corrompues. Les ressources offertes au plus offrant. Les anciens enfants-soldats continuent à sniffer de la colle, comme pour se consoler qu'on leur ait confisqué leur kalachnikov. Des femmes tentent de donner un peu d'amour à des nourrissons, fruits du viol dont elles ont été victimes. La communauté internationale et les ONG dépensent beaucoup d'argent sans savoir comment réparer ces âmes meurtries. Parce qu'il faut bourlinguer dans des endroits compliqués, on m'a demandé de prendre contact avec d'anciens chefs de guerre, de vraies ordures, fiers de leurs surnoms « Terminator », « Dernière Chance », « Couteau », pour les convaincre qu'ils ont intérêt à construire la paix. Ils ont gagné tant d'argent sur le chaos qu'ils rêvent que celui-ci se poursuive le plus longtemps possible et font tout pour. Je comprends à son regard et à son élocution que l'un d'entre eux est peut-être moins fou que les autres. Je me débrouille pour me retrouver seul avec lui à l'écart de la baraque posée sur une route de brousse dans laquelle les dirigeants des factions et moi discutons. En pissant ensemble dans le bush, je lui explique le deal possible : la France essaye d'installer un dispensaire pour soigner les habitants de la région qui n'ont pas vu un médecin depuis dix ans. Mais il faut que celui-ci ne devienne pas une cible, qu'ils laissent les civils y venir sans les racketter. Dans cette pissotière improvisée, je comprends que cet homme est là parce qu'il est le cousin du leader d'une bande armée. Il n'a pas eu droit à sa part de butin mais profite modestement des largesses familiales. Je touche juste : ses deux fils sont morts du choléra à cause de cette fichue guerre. L'homme est croyant, il a au fond de lui la notion du bien et du mal. En mémoire de ses enfants, il me promet d'essayer de convaincre les autres.

Nous nous revoyons fréquemment dans une ville ravagée, loin de la capitale et loin des yeux de ses amis. Les choses ne marchent pas comme lui et moi le voudrions. Il me fait comprendre que ses amis ont trop à perdre à baisser la garde : « Tant que les civils ont peur d'eux, ils ont des droits sur eux. »

Il m'avertit. Son cousin et les autres chefs de guerre ont compris ce que j'essaye de faire. « Ils ont décidé de t'éliminer. Tu es un gêneur. Tu es la cible. » J'oublie un peu cette histoire mais un soir chez moi, dans mon salon, sur un canapé en osier, alors que je regarde paresseusement la télévision, je perçois un mouvement. C'est un serpent noir, sans doute un « mamba », le reptile le plus dangereux au monde. Une seule goutte de son venin peut tuer quarante hommes. Dans un acte réflexe, je l'écrase avec le pied d'un lampadaire. Je sais que c'est avec ces serpents que l'on élimine ses ennemis dans la région. Le lendemain, je montre le cadavre du reptile au gardien du compound qui me fait part de ma chance : « S'il t'avait mordu, tu serais mort. » Dans les jours qui suivent, je me sens comme traqué. La peur, c'est le serpent. C'est la saison des pluies et la nuit, chaque bruit devient anormal. Parfois, je me réfugie sans raison valable dans un placard dont les portes ferment et où j'ai installé un matelas. Boule au ventre qui revient tous les soirs. J'ai eu plusieurs fois l'occasion de périr ces dernières années mais cette fois-ci, je ne parviens pas à apprivoiser ma trouille, à en faire mon amie. Elle pollue mon esprit. Dans mes rêves, je suis en Guyane. Je ne suis plus le jeune homme qui porte la civière, je suis l'officier en train de mourir. Je ne dors plus que quelques heures, mon arme de poing à portée de main. Je sursaute lorsque le vent vient caresser les arbres du jardin ou lorsque quelques gouttes d'eau s'échappent d'un robinet dans la maison. Trois ou quatre jours plus tard, je reçois un vieil expatrié français qui connaît particulièrement bien la région. Un autre serpent noir, identique au premier, s'approche. Je le supprime immédiatement. Mon invité éclate de rire : ce n'est pas un mamba. Mais un serpent « chasseur ». À la saison des pluies, les rongeurs quittent les fossés pour venir se réfugier dans les maisons et ces reptiles les traquent. La peur rend aveugle. Le courage, c'est peut-être d'accepter de se recroqueviller dans un placard pour affronter les serpents. Accepter la peur pour ne pas être rongé par la trouille. Vivre avec. La peur a toujours quelque chose à dire. Elle ne chasse pas le danger. Mais elle nourrit l'intuition, l'émotion, la mise en condition. La regarder en face. L'écouter, même enfermé dans un placard.

*

La gloire n'est pas la sœur jumelle du courage. On ne sauve pas un homme de la noyade en espérant recevoir une médaille. Sauver l'autre n'a rien d'une compétition sportive, avec une coupe pour récompense. Après son exploit spontané le long de la façade d'un immeuble parisien pour sauver un enfant de la mort, Mamoudou Gassama a choisi la modestie. Hollywood lui a proposé 150 000 dollars pour qu'il vienne tourner son histoire dans des studios californiens. Mais Gassama a rejeté cette offre. Il a préféré retrouver l'anonymat en espérant devenir pompier de Paris. Il n'a pas voulu « vendre » son courage. Sagesse d'un brave. Les pompiers de Paris « sortent » un demi-million de fois par an et sauvent plusieurs milliers de vies chaque année. Ils aiment leur mission. Depuis toujours, l'humilité et la discrétion sont au cœur de leurs valeurs. Ils n'agissent jamais pour les honneurs. Jonathan, Simon, Nathanaël...

*

Penser souvent à ce qu'écrit mon ami Patrice Franceschi dans son *Éthique du samouraï moderne* : « Que peut le courage s'il n'est pas tenu en laisse par un guide ? Je vous le dis : le pire ou le meilleur – et parfois rien. Quel but peut-il avoir ? Aucun autre que lui-même. Dérision de la vanité. Si le courage est guidé par la générosité, comment pourrait-il manquer un but conforme à l'éthique qui le guide ? »

*

Certaines médailles ont du sens. Je me souviens de ce jeune militaire franco-américain, Florent Groberg, qui, en 2012, avait empêché un terroriste de décimer un groupe de soldats américains en Afghanistan en se jetant sur lui (il y a eu quatre victimes dans l'opération mais, sans son action, l'explosion de la bombe aurait pu en faire dix fois plus). Grièvement blessé, il porte désormais une prothèse de jambe, et il a reçu des mains de Barack Obama la « Medal of Honor ». Mais en disant : « J'accepte cette décoration pour les vrais héros. Ceux qui ne sont pas rentrés à la maison. »

Il est toujours extrêmement délicat de distinguer quelques hommes dans un groupe. Après la « nuit de Notre-Dame », Emmanuel Macron souhaitait rendre hommage à l'action de la Brigade en remettant une dizaine de Légions d'honneur aux officiers et aux premiers intervenants. Gêne : la Brigade avait perdu deux hommes quelques semaines auparavant. Elle venait aussi de sauver des dizaines de vies dans l'incendie d'immeuble de la rue Erlanger, dans le XVIe arrondissement.

Ces Légions d'honneur « Notre-Dame » pouvaient se transformer en poison. Je comprenais la logique du chef d'État voulant célébrer une belle victoire et sans doute l'héroïsme des pompiers en général. Mais cette reconnaissance pouvait générer des jalousies, des blessures. Cette nuit-là, chacun des sapeurs-pompiers a parfaitement rempli sa mission. C'est tout. Tous sont rentrés. De mon côté, à titre personnel, je ressentais une gêne supplémentaire. Une fois de plus, j'ai pensé à mon père prisonnier du Viêt-minh pendant deux ans et à toutes les actions qu'il avait conduites. Il n'y avait pas de comparaison possible entre nous deux. En choisissant d'honorer des pompiers qui avaient réalisé des exploits incontestables ces quatre dernières années, nous avons finalement trouvé une solution qui ne froisse personne. Ni l'Élysée. Ni au sein de la Brigade.

*

Pendant la crise du Covid, je me suis souvent demandé comment rendre hommage à tous ceux qui ont continué à assurer des missions indispensables. Comment décorer l'éboueur ?

Comment honorer le héros du quotidien ? Comment saluer le geste du postier de 1943 qui déchire les lettres anonymes de dénonciation adressées à la Kommandantur ? Les invisibles, les gens ordinaires, ceux qui font des toutes petites choses extraordinaires n'y laissent pas forcément leur peau. Mais ils se tiennent droit, ils ne désertent pas. Et croyez-moi, personne ne connaît leur nom, leur adresse. Il n'est pas besoin de statue ou de médaille. Simplement de savoir qu'ils sont là. Que l'on peut compter sur eux.

*

Le courage collectif n'est pas mort. Son apprentissage est simplement plus exigeant qu'autrefois, lorsque l'on côtoyait l'horreur dès l'enfance. La génération de nos pères et de nos grands-pères ne se posait pas trop de questions. L'engagement collectif était naturel. 14-18, 39-45, l'Algérie… Chaque génération connaissait le feu, le tragique de l'histoire. École, service militaire, Église ou Parti selon son histoire familiale. Le chemin était balisé, les lignes bien tracées. Celui qui prenait un chemin de traverse était pointé du doigt. Sentiment naturel de cohésion. Habitude du fracas. Héritage de siècles de guerres et de morts collectives. Petit à petit, nous avons oublié que nous avions des ennemis. Puisque nous étions comme dans un confortable cocon, nous n'avions plus besoin de ce courage collectif un peu sale, pesant, embarrassant. Nous n'avions plus envie de devenir un lieutenant de 24 ans chargé de défendre, la boue jusqu'aux genoux, une tranchée des Éparges et de compter nos morts.

Tout cela appartenait au passé et nous nous disions que c'était très bien comme ça. Nous avions encore des types courageux. Mais ces figures affichaient des parcours individuels. Sylvain Tesson apprivoisant le temps en cheminant le long de son Baïkal, Patrice Franceschi sacrifiant son confort pour donner un coup de pouce à de lointains combattants de la liberté, Gérard Chaliand voulant comprendre le monde en prenant tous les risques et les chemins interdits qui l'ont conduit au cœur des guérillas contemporaines. Il en est beaucoup d'autres qui traversent les océans ou sauvent la planète. Mais ces trois-là incarnent un courage personnel. En fonction de ses goûts, chacun peut piocher dans la galerie le héros dont il a envie.

*

Pour le courage collectif, celui dans lequel se retrouve toute une nation et où chacun prend sa part, c'est une tout autre affaire. François Mitterrand et Jacques Chirac pensaient sans doute qu'ils pourraient rallumer facilement sa flamme. Après tout, l'un et l'autre avaient connu intimement la guerre, le stalag ou l'Algérie.

Après eux, c'est beaucoup plus compliqué. Emmanuel Macron tente par tous les moyens de faire redécouvrir aux Français les grandes épopées. De chacun de nos soldats morts au combat, il fait un héros. Exaltation du courage. Sans doute l'influence de Paul Ricœur l'a-t-elle persuadé que notre pays a besoin de modèles héroïques collectifs. Quand, en novembre 2019, il rend les hommages nationaux à treize de nos militaires de l'opération Barkhane en s'arrêtant longuement sur chaque cercueil, il ne fait pas de chacun un gladiateur isolé mais montre toute la diversité des soldats de France. Ce jour-là, le fils de ministre, le neveu de l'écrivain célèbre, le fils d'agriculteur et l'enfant de la DDASS sont tombés ensemble pour la France. Même chose quand le président fait de Mamoudou Gassama un héros français. Il cherche à provoquer un électrochoc : montrer que le courage n'a pas de couleur de peau. Il cherche à rallumer une petite flamme chez chaque Français.

*

Le 8 juin 1978, sur le campus d'Harvard aux États-Unis, Alexandre Soljenitsyne prononce un discours lumineux. Quatre ans après avoir été expulsé d'Union soviétique, il découvre l'Ouest et ses faiblesses. Il ne parle pas d'armée, de revanche. Mais de valeurs. Il évoque le déclin du courage en Occident. Il pointe la responsabilité des élites, de la classe dirigeante et des intellectuels. « Non, je ne peux pas recommander votre société comme idéal pour la transformation de la nôtre, dit-il. Nous avions placé trop d'espoirs dans les transformations politico-sociales, et il se révèle qu'on nous enlève ce que nous avons de plus précieux : notre vie intérieure. À l'Est, c'est la foire du Parti qui la foule aux pieds, à l'Ouest la foire du Commerce. »

Ses mots ne furent pas compris. Beaucoup rangèrent le dissident dans la catégorie des conservateurs aigris et se mirent à le dénigrer avec d'autant plus de mépris que, des années durant, ils en avaient fait leur héros. Ils n'ont pas pris le temps d'écouter l'intellectuel soviétique jusqu'au bout. Celui-ci reconnaissait que le courage individuel existait encore. Mais, dit-il, « ce ne sont pas ces gens-là qui donnent sa direction à la vie de la société ». Je ne partage pas complètement son avis : les plus humbles peuvent donner le sens. Mais comment ne pas lui donner raison sur deux points, que la crise sanitaire a mis en évidence : certains responsables ont peur de s'engager. Et la confiance entre l'administré et l'État, un des fondements de notre contrat social, ne cesse de s'étioler. Or, en période de crise et face aux menaces géopolitiques nouvelles – la Chine, les djihadistes, les populistes –, les démocraties ne peuvent se permettre la faiblesse.

*

Le courage collectif ne demande pourtant qu'à être réveillé. Trois mois après les attentats du Bataclan, la Brigade et la Préfecture de police ont créé des mini-sessions pour enseigner les « gestes qui sauvent » et réfléchir au sens de l'engagement. Succès immédiat. Population mêlée de jeunes privilégiés et de milieux modestes. Des étudiants d'écoles de commerce ou de droit côtoyaient des jeunes chômeurs ou des personnes plus âgées pour donner, tous ensemble, du sens à ce qui s'était passé un peu plus tôt. Sortir de l'effet de sidération et agir. Les périodes troublées réveillent les hommes.

La crise sanitaire du printemps 2020 a fait bouger quelques lignes. J'ai été frappé par l'attitude des « petits », des « invisibles », des « sans grade » continuant à faire tourner la machine pendant que nous devions rester chez nous. Ramasser les poubelles, remplir les rayons des supermarchés… Ces gens que nous n'avions pas l'habitude de voir, à qui nous parlions à peine, ont été en première ligne. Il n'est pas aisé de glorifier l'action des éboueurs, le sens des responsabilités des caissières ou des livreurs. D'en faire les porte-étendards du courage collectif. Ces soldats, à leur façon, de l'ombre ne sont effectivement pas des héros spectaculaires. La plupart d'entre eux n'ont pas eu la liberté de choisir de réaliser quelque chose de beau, de fort et de grand. Pandémie ou pas, ils sont dans la survie et n'avaient pour la plupart sans doute pas d'autre solution que de continuer à travailler. Il est peu probable que les responsables d'équipe de supermarché – les « managers de terrain », comme on dit – aient su donner du sens à leurs missions. Mais, au moins, nous nous sommes rendu compte qu'il existait une armée du quotidien que nous ne regardions plus. Certains viennent de loin et parlent notre langue avec difficulté. D'autres, au bord de la précarité, n'ont pas fait d'études et assurent les tâches les plus ingrates de notre société. Ils ont pris la crise de plein fouet puisqu'on leur a demandé de rester sur le pont pour que le reste du pays puisse continuer à se nourrir et pour que les rats n'envahissent pas les rues. Contrairement à un pompier ou à une infirmière qui ont une expérience des crises et sont confrontés à la maladie et à la mort, ils ne sont pas payés pour avoir peur, pour soigner, pour sauver. Mais ils ont tenu.

Le confinement nous a au moins permis d'ouvrir les yeux sur eux. Pour une fois, ceux qui parlent d'une France à deux vitesses avec une morgue certaine ont mesuré à quel point ceux qui vont un peu moins vite que les autres sont, eux aussi, indispensables et précieux.

Les Français en ont pris conscience. Petit à petit, les applaudissements dévolus aux infirmières et aux secouristes se sont élargis aux éboueurs et aux caissières.

Bientôt les clients et la société les oublieront. Bientôt, on oubliera leur prénom. Déjà, ils ne sont plus applaudis le soir. Mais pendant quelques semaines, ils ont été anoblis. La fierté de servir, cette petite étincelle nécessaire pour engendrer le courage collectif, c'est aussi d'être reconnu par les autres. L'honneur de pouvoir se singulariser du « reste des termites », comme disait Saint-Exupéry. Comme sous l'Empire les « pontonniers » de la Bérézina se sont révélés à l'heure du sacrifice en édifiant un pont dans l'eau glacée permettant à ce qu'il restait de la Grande Armée d'échapper à l'anéantissement. Cette pandémie nous a offert une évidence : le pays a besoin de chacun. Nous pouvons avoir confiance les uns dans les autres. Ensemble, nous sommes forts. Le courage collectif repose sur ces cinq mots : nous avons besoin de chacun.

*

Le courage, c'est le silence. Me revient souvent l'image de Steve McQueen dans *La Grande Évasion*. Pendant tout le film, il ne dit que quelques mots. Il joue, il se moque. Il se contente de parler avec sa balle de baseball. Il la lance contre un mur, celui de sa cellule, pour se préparer à fuir son camp de prisonniers. Tac, tac-tac, tac. Le courage, c'est souvent l'obstination, l'entêtement. Comme une répétition tenace. Et ne rien dire.

Une photo. Celle du 5 juin 1989 sur l'immense avenue de la Paix éternelle qui traverse Pékin près de la place Tiananmen. La veille, les chars T59 de l'armée ont écrasé dans le sang la révolte des étudiants qui secouait la Chine.

Un jeune homme, pantalon noir et chemise blanche, un sac en plastique à la main, se dresse seul debout face à une colonne de quatre chars. À plusieurs reprises, les T59 tentent de contourner le manifestant. Ils ont fini leur sale besogne la veille, ils patrouillent. Ils ne sont pas à un mort près. Et pourtant, le char n'avance pas. Un peu plus tard, combien de temps ? cinq minutes, peut-être, l'homme est entraîné par un petit groupe de gens. On ne sait pas si ce sont des manifestants, des policiers en civil ou simplement des passants qui veulent éviter un mort de plus. Trente ans après, personne ne sait le nom de l'homme au char, ni ce qu'il est devenu. Cette photo n'est pas belle. Elle est mal cadrée. Mais elle est si précieuse. Il y a quelques années, j'ai entendu le photographe, Jeff Widener, raconter le destin de son cliché : souvent, des cancéreux en phase terminale lui en demandent une reproduction pour trouver un peu de force, pour se battre encore un peu.

*

Dans une guerre, on peut devenir un héros éblouissant sans jamais toucher une arme. Ces dernières années, la terre d'Irak et de Syrie meurtrie par Saddam, Bachar puis Daech a engendré quelques personnages lumineux. Leila Mustapha, une jeune femme kurde, reconstruit aujourd'hui Raqqa, la ville de son enfance qui fut la capitale de l'État islamique. Sur la place centrale, depuis le minaret de 50 mètres de haut, les djihadistes projetaient la femme sans voile, celui qu'on accusait d'homosexualité ou d'avoir bu un verre d'alcool. Depuis la libération de Raqqa en octobre 2017 par une armée arabo-kurde, cette ingénieure agronome a été choisie comme maire par une assemblée de notables de toutes confessions. Certains ont pactisé avec le diable. D'autres furent la cible des djihadistes. Plutôt que de solder les comptes et d'attiser le feu, Leila (sa famille fut victime de Daech) a choisi de réparer les âmes blessées par les hommes en noir. 80 % des habitations ont été détruites. Mais elle se débrouille pour offrir du travail aux jeunes qui ont vécu leur enfance à l'ombre du djihad pour éviter que demain, ils ne replongent dans la folie. Leila Mustapha se démène pour reconstruire les ponts qui enjambent l'Euphrate. Elle chasse les démons qui planent encore sur la ville pour prouver à chacun qu'« après », on peut revivre ensemble. Après les viols, les meurtres, l'horreur.

La bienveillance, l'espoir… Cela ne plaît évidemment pas aux cellules djihadistes dormantes qui ont mis sa tête à prix. Au milieu des rues encombrées de ferrailles enchevêtrées, de gravats et de décombres, stigmates des 20 000 bombes lâchées pour faire fuir les djihadistes, une jeune femme oubliée de l'Occident résiste pourtant et leur tient tête.

*

Michaeel Najeeb n'a jamais, lui non plus, touché une arme. Même quand gronde la guerre, il n'aime qu'une chose : passer sa main sur la tranche des livres, les caresser, respirer l'odeur du papier. Responsable de la plus grande bibliothèque de Mossoul et du plus grand centre de recherche des manuscrits anciens de Mésopotamie, celui des Dominicains, il a déménagé en une seule nuit des milliers de trésors alors que Daech encerclait la ville. Il savait qu'après avoir détruit Palmyre, les hommes en noir brûleraient sa bibliothèque. Menacé de mort depuis quinze ans parce que les djihadistes ne comprennent pas qu'on puisse soigner des manuscrits datant pour certains de dix siècles, cet homme se tient debout. Il chante en araméen, la langue du Christ, la sienne et celle des siens depuis deux mille ans, qu'ils ne sont plus que quelques-uns à parler.

Il veille en espérant qu'un jour des jeunes viennent étudier les ouvrages de sa bibliothèque. Mystique du courage.

*

Mystique surtout de la bienveillance. Le courage, ce n'est pas de la testostérone, c'est l'humanité, la confiance dans l'homme. Dans le fracas de la guerre civile, à l'est de la République démocratique du Congo, et son cortège de corps mutilés, entendre encore une petite voix. Celle du docteur Denis Mukwege. Depuis vingt ans, ce gynécologue « répare » les femmes victimes de viol de guerre – souvent à peine adolescentes. Il leur apprend à aimer leur enfant. Il aide les âmes à reprendre pied. Lui et sa famille ont été attaqués cent fois parce qu'ils dérangent la guerre des hommes. « Arrête de faire le bien, lui a dit un soir un homme en le tenant en joue, les villages nous obéissent parce qu'on leur fait peur. Si tu leur montres le bien, nous perdrons notre pouvoir. » Tenir tête à celui qui tient le fusil en lui rappelant que, quelques mois plus tôt, sa jeune sœur a été soignée dans la clinique. Le voir pleurer et baisser son arme. Rester toujours droit. Avoir, toujours, confiance dans l'homme.

*

Liberté d'avoir du courage ou pas. Qu'est-ce qui pousse une jeune femme de 29 ans, directrice d'un EHPAD du sud de la France, à se confiner pendant deux mois et demi avec ses résidents pour les protéger ? Quel est le souffle qui entraîne ses vingt salariées à quitter leurs conjoints et leurs enfants pour la suivre dans cette aventure ? « C'était une évidence », dit l'une de ces héroïnes invisibles. Pas besoin d'en dire plus, on ne pourrait pas comprendre. « L'évidence. » Des infirmières, des animatrices, des aides-soignantes et des femmes de ménage. Des « emplois modestes », des « petits salaires », comme on entend parfois avec condescendance, qui décident de protéger leurs pensionnaires de la plus belle des façons. Certaines sont venues avec leur chien ou leur chat. Avec une guitare. Elles ont des vies, des enfants, des peurs, mais elles ne quittent pas le navire. Comme dans un naufrage, elles disent : « Nous serons les derniers. » Le jour où elles décident de s'enfermer avec les anciens dont elles ont la charge, la séquence est mortifère : tous les soirs à la télévision, le décompte des morts. Le président ferme les écoles, les commerces, les entreprises. Le pays s'arrête. La mort rôde partout, dans la rue d'à côté. Elles ne font pas de résistance mais elles choisissent de ne pas déserter. Choix de ces femmes libres qui n'attendent rien. Même pas un merci. Leur métier n'est pas glamour mais elles choisissent l'humanité. Pas pour que les autres se disent que ce sont des chic filles. Mais pour elles, pour pouvoir se regarder dans la glace le matin sans baisser les yeux. Le courage, c'est la décision d'une vie. C'est un moment qui fait un homme ou une femme.

Plus tard, quand tout sera fini, elles n'auront sans doute que la satisfaction de partager un barbecue avec les familles et les conjoints délaissés. Il y aura des rires, des regards entre elles que les autres ne comprendront pas mais qui diront simplement : « On l'a fait ensemble. On a eu cette force ensemble. Et en plus, on y a gagné quelque chose qu'on ne peut pas raconter aux autres. » La porte était ouverte, pas une ne s'en est allée. Force du collectif. Ceux qui disent : « le courage, c'est fini » se trompent. Imbécillité ? Faillite ? Lâcheté ? On peut toujours choisir. Regarder, en miroir, avec effroi, ces images de cette maison de retraite canadienne, près de Montréal, où le personnel a déserté en quelques heures. Pensionnaires laissés à l'abandon. Pas nourris, pas soignés, pas changés. Hécatombe.

Trente morts en quelques jours. La liberté de choisir le courage.

*

Ne laissons pas dire que le courage, c'est fini. Que notre époque l'a tué. N'ayons pas peur de croire en l'homme.

Le courage, c'est toujours dire « non ». Pas le « non » du caprice et de l'orgueil. Mais celui qui vient des entrailles, du fracas de notre histoire. Le « non » dont on se souvient génération après génération. Écouter Malraux sur le plateau des Glières. Trente ans après la guerre, il inaugure un monument pour célébrer ces maquisards de Savoie qui ont tenu tête à la milice et à la Wehrmacht pendant un mois. Pas seulement par héroïsme ou par haine de l'occupant. Mais par stratégie : parce que cette bataille, trois mois avant le débarquement allié, devait montrer à tous – aux Français, aux Alliés, aux Allemands – que la Résistance savait mener de vrais combats et pas seulement de modestes embuscades. Même à dix contre un.

Face à cette armée dont il pensait ne faire qu'une bouchée avec son aviation et le concours de la Milice française, Hitler est obligé de dépêcher en catastrophe plus de quatre mille de ses meilleurs commandos pour espérer reprendre le plateau aux maquisards. Quand il rend hommage à ces combattants, Malraux a tellement raison : « Le mot "non", fermement opposé à la force, possède une puissance mystérieuse qui vient du fond des siècles. Toutes les plus hautes figures spirituelles de l'humanité ont dit non à César. Prométhée règne sur la tragédie et sur notre mémoire pour avoir dit non aux dieux. La Résistance n'échappait à l'éparpillement qu'en gravitant autour du non du 18 Juin. Les ombres inconnues qui se bousculaient aux Glières dans une nuit de Jugement dernier n'étaient rien de plus que les hommes du non, mais ce non du maquisard obscur collé à la terre pour sa première nuit de mort suffit à faire de ce pauvre gars, le compagnon de Jeanne et d'Antigone… L'esclave dit toujours oui. »

Si quelques centaines de gaullistes, de communistes, de nationalistes, mais aussi des hommes qui croient tout simplement en la France se battent aux Glières, c'est pour que le monde entier sache qu'il faut dire « non ». Oui, bien sûr, c'est imbécile de penser que le courage est mort à Roncevaux. Il est à portée de main quand l'Histoire commande. Hier, aujourd'hui, demain.

Face à la peur, il y a justement ces femmes et ces hommes ordinaires – et pas seulement les médecins, les infirmières, les pompiers, les soldats – qui comprennent que le courage n'est jamais donné. Il faut savoir saisir cette force. Se laisser emporter par la grâce d'une impulsion mystérieuse. Avec un regard sur le monde volontaire, positif, bienveillant et d'une manière presque gourmande, le courage s'achète avec des actes.

C'est à toi, jeune femme ou jeune homme, que je dédie ce bréviaire. Ne te désespère pas de notre époque. Ne regrette pas l'âge des titans. Ne choisis pas la facilité. Toi qui n'as pas lu *If* de Kipling, dis-toi que face à l'histoire, il est toujours possible de choisir le courage, de dire non. Et d'agir.

RÉFÉRENCES

L'Étrange Défaite, Marc Bloch, Gallimard, Folio.

La Nuit de Notre-Dame, Brigade de sapeurs-pompiers de Paris, Grasset, 2019.

Le Premier Homme, Albert Camus, Gallimard, Folio.

« Le siècle de la peur », article d'Albert Camus dans le journal *Combat* (novembre 1948).

Les Sentinelles du soir, Hélie Denoix de Saint Marc, Les Arènes, 1999.

Éthique du samouraï moderne, Patrice Franceschi, Grasset, 2019.

Et tu n'es pas revenu, Marceline Loridan (avec Judith Perrignon), Grasset, 2015.

Le Miroir des limbes (tomes I et II), André Malraux, Gallimard, Folio.

L'Homme dans la guerre. Maurice Genevoix face à Ernst Jünger, Bernard Maris, Grasset, 2013.

La Femme, la vie, la liberté, Leila Mustapha (avec Marine de Tilly), Stock, 2018.
Sauver les livres et les hommes, Michaeel Najeeb (avec Romain Gubert), Grasset, 2017.
Terres des hommes, Antoine de Saint-Exupéry, Gallimard, Folio.

Cet ouvrage a été achevé d'imprimer
par CPI Brodard et Taupin à La Flèche
pour le compte des éditions Grasset
en octobre 2020.

Mise en pages
PCA 44400 Rezé

PAPIER À BASE DE
FIBRES CERTIFIÉES

Grasset s'engage pour
l'environnement en réduisant
l'empreinte carbone de ses livres.
Celle de cet exemplaire est de :
300 g éq. CO_2
Rendez-vous sur
www.grasset-durable.fr

N° d'édition : 21694 – N° d'impression : 3040726
Dépôt légal : novembre 2020
Imprimé en France